# 라키비움J 2025

J포럼

《멋진 민주 단어》 서현, 소복이, 한성민 지음, 사계절

# 소중하다

우리에게 중요하고, 우리가 사랑하는 것이 같다면
그것을 지키기 위해 큰 힘을 낼 수 있어요.

# 연대하다

아무도 없다고 느꼈는데 누군가 손을 잡아 주었어요.
또 그 손을 다른 사람이 잡아 주어요. 또 그 손은….

왈왈 왈왈왈!
(이건 하나도 재미없어!)

《멋진 민주 단어》 서현, 소복이, 한성민 지음, 사계절

멋진 나무가
되겠어!

 살아가는 즐거움이에요.
다른 사람이 강요할 수 없어요. 꿈은 내가 꾸는 거예요.

《멋진 민주 단어》 서현, 소복이, 한성민 지음, 사계절

 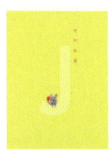  

Since 2018

라키비움J 2025
ⓒ 전은주, 표유진, 오현수, 이시내, 임서연

**발행일** 2025년 2월 14일　**초판 2쇄** 2025년 2월 28일
**발행인** 전은주　**편집장** 표유진　**책임 편집** 임서연
**기자** 오현수, 이시내　**디자인** 노현옥
**고마운 분들** 권정혁, 김개미, 김다혜, 김수희, 김지혜, 김진, 도은선, 명정은, 문은영, 박서영, 박소희, 박혜선,
　　　　　　　송미경, 안녕달, 이미래, 이봄, 조수진, 천신애 외 수록 도서 출판 관계자 모든 분들
**고마운 어린이들** 강시윤, 공규빈, 김민경, 김이안, 오하록, 윤치호, 이채민, 이원호, 어린이 신문 〈바람소리〉 기자단

**펴낸곳** (주) 제이포럼
**등록일** 2020년 10월 29일　**등록번호** 과천, 사00005
**주소** (03832)경기도 과천시 별양로 164 711동 2303호(부림동)
**전화번호** 02-3144-3123　**광고 및 문의** books_ripening@naver.com
**인스타그램** @larchi_ j

ISBN 979-11-987104-9-9 04800
ISBN 979-11-975253-0-8(세트)
ISSN 2734-1976

《라키비움J 2025》를 위해 이미지 사용을 허락하고 보내 주신 모든 작가님과 출판사에 감사드립니다.
이 책은 저작권법에 따라 보호받으므로 무단 전재와 무단 복제를 금합니다.

**Picture Book Magazine**
# 라키비움J 2025

차례

**13** ● **발행인의 말**
아이에게 슬픈 책을 읽어 줘야 하나요?

**14** ● **편집장의 〈라키비움J〉 사용 설명서**
365일 슬기로운 그림책 생활

**20** ● **2025년 그림책 달력**
365일 우리가 읽고, 품고, 사랑할 그림책

**48** ● **1년 12달 그림책 플러스**
- 1월 _ 나무의 사계절을 관찰해요!
- 2월 _ 어린이와 민주주의를 이야기해요!
- 3월 _ 새 학기 불안을 날리는 방법
- 4월 _ 일상에서 지구를 지켜요!
- 5월 _ 영화도 보고, 자연 놀이도 하고!
- 6월 _ 그림책 들고, 기차 여행!
- 7월 _ 양육자를 위한 수학 교양서
- 8월 _ 바다 생물을 만나요!
- 9월 _ 한글 공부, 그림책이 책임진다?
- 10월 _ 달, 과학과 예술이 만나다
- 11월 _ 가을 숲에서 놀자!
- 12월 _ 엄마표 미술 놀이도 하고, 공연도 보러 가요!

**84** ● **키워드로 보는 그림책 1, 공감**
시대의 결핍, 지금 필요한 가치는 무엇인가?

**92** ● **키워드로 보는 그림책 2, 다인종 다문화 사회**
- 다인종 다문화 사회로 변화하는 대한민국,
  우리 아이들은 그림책 속 어디에 있을까?
- 초등 교사 김다혜 선생님이 말하는
  대한민국의 교실 속 다문화 그림책 이야기
- 김개미 시인 인터뷰 "피부색은 안 보이고 우정만 보여요!"

**112** ● **라키가 주목하는 그림책 작가, 나의 첫 그림책**
  · 《매일, 살림》 김지혜 작가 인터뷰 "매일을 살아내는 우리에게 건네는 위로"
  · 《몹시 큰 초대장》 박서영 작가 인터뷰 "이리 와서 나를 발견해 주세요."

**126** ● **키워드로 보는 그림책 3, 노벨상**
  · 노벨상 수상 작가가 쓴 그림책
  · 그림책을 쓰는 노벨 경제학상 수상자 에스테르 뒤플로

**140** ● **편집자, 작가, 번역가가 직접 소개하는 2025년 우리가 만날 그림책**
  · 사계절출판사 김진 편집자
  · 미래아이 김수희 편집자
  · 그림책 작가 안녕달
  · 번역가 도은선

**154** ● **키워드로 보는 그림책 4, 시니어**
  · 시니어, 그림책에서 인생을 읽다
  · 박혜선 독자 인터뷰 "막걸리 심부름 갔다가 한입 몰래 먹었죠."
  · 인천 늘푸른도서관 박소희 관장 추천, 시니어 그림책 모임에서
    인기 만점 그림책 5

**166** ● **2024년 내 마음을 사로잡은 단 한 권의 그림책**

**174** ● **2025년 주요 그림책 행사 일정 체크리스트**

**176** ● **2025년 푸른 뱀의 해! 그림책 속 뱀을 찾아라**

**180** ● **행운의 그림책 사다리, 그림책과 함께 행복한 2025년 보내세요!**

DEAR READER 2025

발행인의 말

## "아이에게 슬픈 책을 읽어 줘야 하나요?"

독서 교육 강의를 하면 Q&A 시간에 늘 나오는 질문이 있습니다. 바로 "아이에게 죽음이나 이별처럼 슬픔을 다루는 책을 읽어 줘도 될까요?"예요. 아이에게 행복과 기쁨만 가득한 세상을 보여 주고 싶기 때문이죠. 세상만사 괴로움을 어차피 알게 될 텐데 조금이라도 더 큰 다음에 알아도 되잖아요? '슬픈' 책을 읽어 줘서 괜히 아이를 불안하게 만드는 건 아닌지 걱정도 됩니다. 하지만 저의 대답은 늘 이렇습니다. "어차피 아이가 슬픔을, 두려움을 알게 된다면 '엄마의 무릎'만큼 좋은 장소가 있을까요?" 혼자 무방비 상태에서 노출되는 것보다 엄마(로 대표되는 양육자 및 교사)의 무릎에 앉아 함께 그림책을 읽으면서 그런 '무서운' 감정들을 만나고, 자연스러운 두려움을 다정한 대화로 풀 수 있다면 얼마나 좋을까요? 그래서 마침내 자기 혼자일 때도 감당할 수 있다고 자신감을 가지면 더 좋겠죠. 어른은 아이가 슬픔이나 괴로움을 모르기를 바랄 것이 아니라, 슬픔과 괴로움을 잘 다독이고 잘 견뎌내기를 바라고 도와야 합니다.

요즘 저는 아이보다 오히려 제 자신이 더 걱정됩니다. 아이들은 그림책에서 만나는 죽음과 이별, 괴로움 등을 딱 제 수준에 맞춰 이해하고, 받아들이는 것 같은데, 저야말로 지나치게 감정 이입하여 폭풍 오열을 하는 일이 종종 있거든요. 《곰 사냥을 떠나자》로 유명한 마이클 로젠의 글에 퀸틴 블레이크가 그림을 그린 《내가 가장 슬플 때》를 읽을 때도 그랬습니다. 이 책은 마이클 로젠 작가가 열여덟 살 아들 에디가 갑자기 사망한 후에 쓴 책입니다. 작가는 슬픔이 구름 같은 것이라고 말해요. 어디선가 나타나 나를 뒤덮어 버리죠. 작가는 슬픔을 잊기 위해서 여러 가지 시도를 합니다. 나만 슬픈 게 아니라 다른 사람들도 모두 슬픔이 있을 거라고 생각하고, 즐거운 것들을 일부러 떠올리기도 합니다. 생일 같은 것이요. 특히 '생일 축하합니다' 같은 거! 촛불을 훅 불면서 소원을 말하는 거죠! 그런데…, 촛불이라고요? 촛불…. 슬픔이 구름처럼 나를 뒤덮었듯, 불빛도 어느새 나를 뒤덮습니다. 아무리 숨어도 나를 찾아내고야 말이죠. 슬픔 같은 촛불의 빛. 책은 퀭한 눈빛으로 멍하니 앉아 있는 작가의 모습에서 끝납니다. 좋아하는 것을 생각하다가도 이렇게 속절없이 슬픔과 연결되어 버리다니요. 결국 우리는 이렇게 괴로움에 압도되어 버리는 것일까요?
마지막 페이지 그림을 다시 봅니다. 환해서 더 슬픈 빛 속에서 작가는 펜을 들고 있습니다. 아, 작가는 이 슬픔을 기록하려나 봅니다. 자기에게 가장 익숙한 방법, '쓰기'와 쓰기를 통한 바라보기로 자신의 슬픔을 견뎌 내려는 것이죠. 마이클 로젠이 쓰기로 슬픔을 견딘다면 저는 읽기로 견디곤 합니다.

늘 그래 왔지만 이번 호는 특히 더 여러분과 함께 읽고 싶은 마음을 담았습니다. '365일 우리가 읽고, 품고, 사랑할 그림책'이란 이름으로 '그림책 달력'을 준비했거든요. 설날엔 설날 그림책, 식목일엔 나무 그림책, 제헌절엔 법 관련 그림책 등 무슨 무슨 날은 일단 다 챙겼어요. 세계 고양이의 날, 음식쓰레기의 날도 있더라니까요. 그리고 매달 주제를 정했습니다. 민주주의에 대한 그림책만 모은 달, 회복에 대한 그림책, 한글에 대한 그림책만 모은 달도 있습니다. 하루에 한 권씩 달력에 있는 책만 읽어도 일년 내내 때 맞춰 다양하게 읽을 수 있답니다. 그 그림책을 읽으며 하면 좋은 놀이나, 함께 보면 좋은 영화, 나들이 장소 등 짝꿍이 될 만한 활동들도 소개했습니다. 함께 읽고 활동하는 시간을 통해 책이 책에 그치지 않고 삶 속으로 스며들기를 바랍니다.
기자들마다 각각 달을 맡아 썼는데요. 저는 처음엔 '슬픈 책'을 주제로 뽑았답니다. 그림책을 통해 슬픔을 바라보고 위로 받은 경험이 많았기에, 아이들에게도 이 '비법'을 알려 주고 싶어서였지만 기자들의 반대에 부딪혔어요. "그래도 한 달 내내 슬픈 책은 너무해요!"
아이쿠! 그래서 저는 '수학 공부에 도움이 되는 그림책'을 주제로 정했습니다. 마침 여름 방학이 있는 7월이라, 수학과도 좀 놀아 보라는 의도인데요. 혹시나 이 주제를 슬퍼하는 어린이 독자는 없기를 바랍니다.

## 안녕하세요? 〈라키비움J〉 표유진 편집장입니다.

라키가 평소와 조금 다르다는 것 눈치채셨나요? 제목에 붙이는 색깔 이름도 없고, 고정 코너도 이번 호에는 없습니다.
2025년을 함께할 그림책 달력 특별 호거든요. (평소의 컬러풀 라키는 5월에 찾아뵐게요!)
특별 호인 만큼 어떻게 구성되었는지, 어떻게 활용하면 좋은지 사용 설명서를 준비했습니다. 먼저 살펴보시면 도움이 되겠죠?

### 먼저 가장 중요한 2025년 그림책 달력!

1월부터 12월까지 매일 읽기 좋은 그림책을 추천했습니다. 달력의 윗부분에 이달의 그림책 컨셉이 설명되어 있으니 먼저 읽고, 아래 매일의 그림책을 살펴보세요. 기념일과 국경일, 명절, 절기 등은 날짜 옆에 작게 표시해 두었고, 그날에 어울리는 책으로 골랐습니다.

매일의 그림책을 추천했지만, 숙제처럼 의무감을 가지고 그림책을 보지는 않았으면 합니다. 특히 어린이들에게 강요하지 말아 주세요. 이 목록을 활용해 온 가족이 한 달에 한두 번 함께 도서관에 가고, 그림책을 좋아하는 어른이 어린이 눈높이의 그림책도 두루 보는 계기가 되길 바랍니다. 또 이 목록을 참고해 어린이에게, 친구에게, 연인에게, 가족에게 그림책을 선물해 보시길 바랍니다.

### 1년 12달 그림책 플러스, 그림책 활동의 끝판왕을 경험하세요!

달력과 더불어 그달에 추천한 책을 더 재미있게 볼 수 있는 다양한 방법을 소개했어요. 주로 어린이들의 눈높이에 맞춘 활동이나, 어른들의 그림책 테라피나, 인문학 공부 등에도 활용하기 좋습니다. 교육, 심리, 그림책 분야의 전문가가 두루 모인 라키 팀의 노하우를 탈탈 털었으니 분명 만족하실 거예요. '책 보고 활동'이란 공식을 깨고, 그림책이 말하는 주제를 다양하게 생각해 보는 계기가 되길 바랍니다.

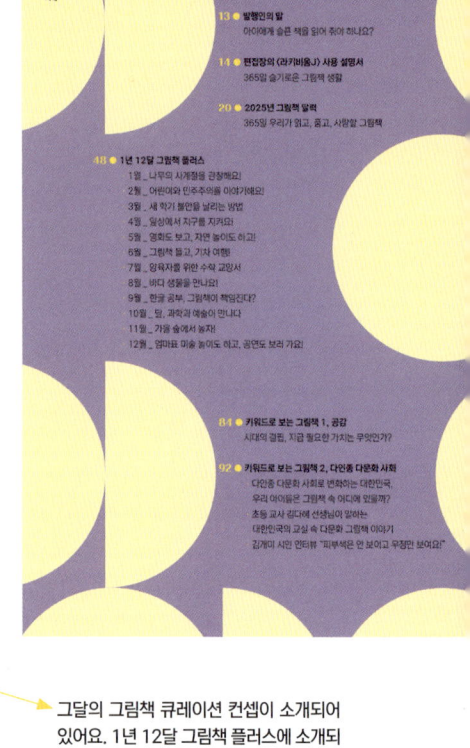

그달의 그림책 큐레이션 컨셉이 소개되어 있어요. 1년 12달 그림책 플러스에 소개되는 그림책 활동과도 연관되어 있고요. 먼저 읽고, 이달의 그림책들을 살펴보세요.

**그림책 제목과 작가명**

**날짜와 기념일 표시**

명절과 국경일은 물론 유니세프에서 지정한 기념일들과 여러 단체에서 지정한 재미있는 기념일들도 적어 두었어요.
'왜 이날에 이 책을 읽지?' 궁금증을 가지고 살펴보면 재미있을 거예요.
세계 고양이의 날에는 《100만 번 산 고양이》가 추천되었는데 정말 찰떡이지 않나요? 여러분만의 기념일도 꼭 체크해 두고 그날은 여러분의 특별한 그림책으로 채우시면 더욱 좋을 거 같아요.

① 2월에 추천한 민주주의 그림책들은 함께 보는 어른이 먼저 읽어 본 후 아이들에게 추천해 주세요.

편집장의 《라키비움J 2025》 사용 설명서

> 차례부터 꼼꼼히 살펴보세요.
> 기사 제목을 보면
> 전체 흐름이 한눈에 보여요.
> 어떤 기사부터 읽고 싶으세요?

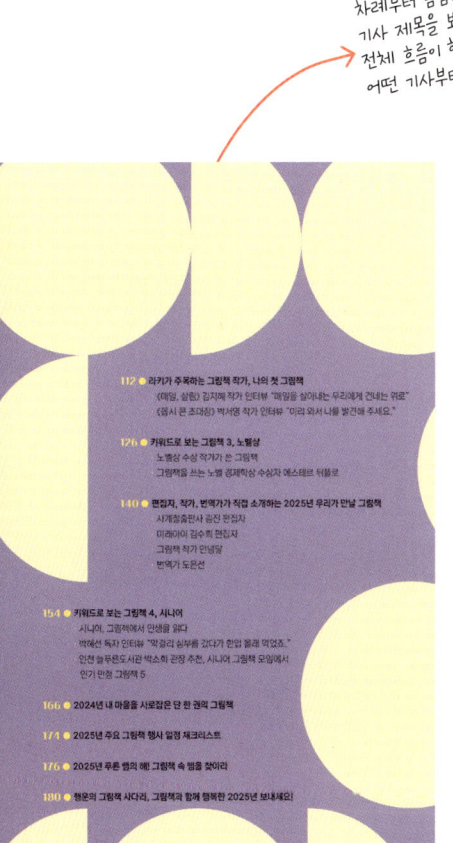

우리 사회의 중요 키워드를 통해 그림책의 역할과 의미에 대해 이야기한 **키워드로 보는 그림책**에서는 공감, 다문화, 노벨상, 시니어 4개의 키워드를 소개했습니다. 공감과 다문화 키워드에서는 교육 현장의 목소리를 직접 들었고, 노벨상 키워드를 위해 한국에 출간된 적 있는 노벨상 수상 작가들의 그림책 목록을 샅샅이 뒤졌답니다. 또 시니어를 위한 그림책 모임 운영자와 참여자의 이야기도 준비했어요.

**책 만드는 사람들이 직접 소개하는 2025년 우리가 만날 그림책 코너**도 있어요. 안녕달 작가님이 직접 그 어떤 곳에도 공개된 적 없는 올봄 출간 예정작의 이미지를 보내주셨다는 사실은 '자랑' 한 번 하고 넘어갈게요!

어느 한 대상만을 위한 그림책이 아닌 어린이부터 어른까지 모든 대상이 자기만의 시각과 방법으로 그림책을 즐길 수 있도록 열심히 준비했습니다. 2025년 여러분의 그림책 생활에 친절한 가이드가 되길 바랍니다.

안녕달 작가님이 보내 주신 이 장면, 따뜻한 봄날 서점에서 꼭 찾아보세요!

2025년의 주요 그림책 일정은 여러분의 그림책 일 년을 더욱 풍성하게 만들어 줄 거예요!

② 책만 보고 끝이 아니라 일상에서 경험하며 올바른 가치관을 만들 수 있는 활동도 준비했어요!

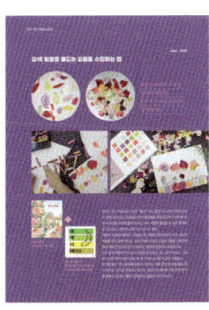

③ 그림책 활동보다는 자연을 즐기는 게 우선! 인증을 위한 활동이 아닌, 아이들이 그림책에 담긴 가치를 생각하고 느낄 수 있는 활동들을 준비했어요!

고래뱃속 창작그림책

# 탱탱볼

## 최고의 장난감 탱탱볼, 왕딸기 아이스크림 되다?!

**관계 안에서 새로 빚어지는 나, 그리고 우리의 재발견**

예상 밖의 귀여운 발상과 상상으로 그들만의 놀이를 함께 만들어 가는 꼬마 총총이와 탱탱볼의 모습을 지켜보고 있노라면 우리는 놀이의 경계 없음, 그리고 새로운 가능성을 열어주는 '관계'의 놀라움에 대해 감탄하게 됩니다. 평범한 일상의 장면을 생명력 넘치는 이야기로 재탄생시킨 김희주 작가의 섬세한 마법 속으로 빠져 보세요.

김희주 글·그림 | 18,000원

---

고래뱃속 창작그림책

# 놀다 보면

## 건강한 어른이 되려는 아이도
## 아이의 마음을 되찾고픈 어른도
## 바로 지금 놀아야 해요!

**책 속에 담긴 140여 개의 다양한 놀이를 만나요**

우리가 살아가는 세상이 즐거운 놀이터가 되는 그림책! 아이와 어른, 두 시점의 이야기가 서로 반대 방향으로 펼쳐지다가 중간에서 만나도록 한 권으로 묶어 냈습니다. 책장을 펼치면 공기놀이와 구슬치기, 제기차기 같은 추억의 놀이부터 패러글라이딩과 다이빙, 암벽 등반까지 공간과 계절을 폭넓게 아우르는 140여 개의 무궁무진한 놀이가 생생히 살아납니다.

고무신 글·이재경 그림 | 16,000원

전화 02-3141-9901 전송 0303-3448-9901 전자우편 goraein@goraein.com
홈페이지 www.goraein.com 유튜브 goraein 페이스북 goraein 인스타그램 고래인 goraein, 고래뱃속 goraebaetsok

## 대한민국 그림책상 특별상, 샤롯데출판문화대상 본상
## 화이트 레이븐스 선정, 환경정의 한우물상 수상 작가!

꼬마 니콜라를 넘는, 엉뚱하고 사랑스러운 꼬마 '고구마'의
눈물 찔끔, 웃음 가득한 탄생과 성장 이야기!

### 난독의 계절 고정순 글·그림 | 112쪽

**'글을 쓸 줄 모르면 생각도 마음도 전할 수 없는 답답한 어른이 되는 걸까?'**

달리기 일등, 친구를 위해 송충이를 잡아 주는 다정함, 공부는 못해도 웃기기 천재!
이토록 완벽한(?) 꼬마 고구마에게는 초특급 비밀이 하나 있었어요. 바로 글을 읽지
못한다는 거예요. 비밀을 알게 된 언니와 친구 상숙이가 고구마를 위해 맞춤형
한글 수업을 해 주지만, 글자를 읽는 건 여전히 어렵기만 해요.
고정순 작가의 실제 경험을 담은, 난독증을 딛고 당차게 세상과 맞선
꼬마 고구마의 좌충우돌 성장기 《난독의 계절》을
만나 보세요!

## '화이트 레이븐스' 선정 작가 나현정이 그려 낸
## 설레는 첫사랑의 기억

막 시작된 사랑을 담은 밤하늘 별빛처럼 아름다운 우화!

### 오직 하나뿐인 나현정 글·그림 | 52쪽

**'너는 모든 별들이 다르게 빛난다고 했지. 이제 알겠어.
너는 오직 하나뿐인 내 별이야!'**

세상에 단 하나인 특별한 사랑을 만날 수 있을까요? 자기만의 세상에서
살아가던 겁이 많은 고슴도치가 어떤 존재를 만나고 갈등을 겪으며 껍질을 깨고
나오기까지의 과정이 나현정 작가 특유의 진솔한 글과 화사하고
아름다운 그림에 담겨 있습니다. 읽고 나면 풋풋했던
첫사랑이 떠오르는 그림책 《오직 하나뿐인》을
만나 보세요!

길벗어린이 | 홈페이지 www.gilbutkid.co.kr 인스타그램 @gilbutkid_book

비가 와도, 눈이 와도
그칠 줄 모르는 꽃을 향한
김 군의 지극한 찬사.

《엄마 마중》김동성 작가가
쓰고 그린 첫 창작 그림책!

# 꽃에 미친 김 군

"이제, 그의 붓 끝에서
이 세상 모든 꽃들이 다시 태어난다."

아침부터 저녁까지 김 군의 모든 일상은
꽃으로 가득하다. 사람들은 이런 그를 미쳤다며
손가락질하지만 김 군은 개의치 않는다
마침내 김 군은 꽃을 향한 지극한 사랑의 마음을
온전히 담아낼 방법을 찾는다.

**김동성 지음**
234X290 mm | 52쪽 | 30,000원

(주)보림출판사 | 주문 및 문의 전화 | TEL 031-955-3444

2025년 그래픽류

21 + 라키비움J 2025

90° ↻ → 잡지를 90° 돌려서 보세요.

365일을 우리가 기록하는 법: 더 나은 시간을 향하여 사계절이 모두 담긴 그림책으로 한 해를 시작한 뒤 순간→1초→1분→하루 순으로 점점 길어지는 시간을 그림책으로 만나요. 이후 나→가족→친구→이웃 순으로 시선을 확장하고, 우리 명절 설과 다른 나라의 새해 문화까지 만나면 1월은 한 달! 눈 깜짝할 사이 1월이 지났다고 서운해 하지 마세요. 2026년 1월에 활용해도 좋은 그림책 목록이에요.

2025년 1월

# january

| SUN | MON | TUES | WEDS | THUR | FRI | SAT |
|---|---|---|---|---|---|---|
| | | | 신정 **1**<br>바쁜<br>열두 달<br>레오 리오니 | **2**<br>아기 곰에게 겨울을<br>어떻게 보여 줄까?<br>김지연 | **3**<br>구리랑 구리랑<br>놀자<br>나카가와 리에코, 야마와키 유리코 | **4**<br>사계절 목욕탕<br>김효정 |
| 소한 **5**<br>순간 수집가<br>크빈트 부흐홀츠 | **6**<br>방귀의<br>1일 인생<br>말린 크룅엔베리, 신나 린데블로 | **7**<br>땅꼬질<br>한 번의 1초<br>헤이즐 허친스, 케이디 맥도널드 덴튼 | **8**<br>1분이면...<br>안소민 | **9**<br>도전 1분!<br>히어 디자인 | **10**<br>지구를 위한<br>한 시간<br>박주연, 조미자 | **11**<br>같은 시간,<br>다른 순간<br>황성혜 |
| **12**<br>12명의 하루<br>소기타 히로미 | **13**<br>이상한 하루<br>연수 | 새해 축하의 날 **14**<br>앞으로,<br>나의 나쁜 하루<br>첼시 린 윌리스, 염혜원 | **15**<br>염소 시그크의<br>특별한 하루<br>디시마 세이조 | **16**<br>루이의<br>특별한 하루<br>세바스티앙 무랭 | **17**<br>완벽한<br>생일 파티<br>대놀 델 레이크, 마켓 | **18**<br>뒤죽박죽<br>생일 파티<br>대소동<br>베아트리체 알레마냐 |
| **19**<br>이제 정말<br>나 일까?<br>요시타케 신스케 | 대한 **20**<br>나는<br>나의 주인<br>채인선, 안은진 | **21**<br>까치 목욕탕<br>국지승 | **22**<br>근사한<br>우리 가족<br>로랑 모로 | **23**<br>나들 밤<br>최민지 | 세계 교육의 날 **24**<br>나들의 계절<br>고정순 | **25**<br>수건네의 겨울<br>로트라우트 수잔네 베르너 |
| **26**<br>경복궁 친구들<br>조수진 | **27**<br>연아네 설날이<br>우지성, 윤정주 | **28**<br>복주머니 요정<br>안영은, 보람 | 설날 **29**<br>신발 가신<br>양쟁이의 설날<br>김미혜, 김홍모 | **30**<br>독바의 소원<br>시린 임 브리지스, 소피 블렉올 | **31**<br>내게의 날갯짓<br>패트리스 핫섯트, 가브리 빅룰리 | |

아이가 정치 이야기나 뉴스를 묻는다면 우화나 비유로 표현된 그림책으로 시작해 보세요. 개념 이해가 세분화되지 않는 유아, 초등 저학년 어린이에게는 현실의 사건을 단순화해서 설명하기나 사건에 대한 양육자의 감정을 간단히 전하는 것으로도 충분해요. 초등 고학년 이상 어린이는 사건의 쟁점에 대한 찬반 의견을 함께 소개해 주는 것도 민주 시민 교육이 될 거예요.

2025년 2월

# february

| SUN | MON | TUES | WEDS | THUR | FRI | SAT |
|---|---|---|---|---|---|---|
| | | | | | | 1 멋진 맞수 단어 서현, 소복이, 한성민 |
| 2 독재란 이런 거예요 플랜테팀, 미셸 가삽 | 입춘 3 숨은 돌 한여진 | 4 사랑받는 대통령 모니카 페트, 안토니 보라틴스키 | 5 경찰차가 소피아의 놀라운 도전 안드레아 비티, 데이비드 로버츠 | 6 새처럼 포푸라기 | 7 늑대의 선서 대비드 칼리, 마우리 콜벨레 | 8 아무도 지나가지 마! 이자벨 미뉴스 마르틴스, 베르나르두 카르발류 |
| 9 우리들의 광장 김명희, 백지슴 | 10 날아라, 메로! 수간추 슈미트, 이아슈로 브루노 | 세계 여성 과학인의 날 11 과학자들은 하루 종일 어떤 일을 할까? 제인 월시, 매기 리 | 12 정말 대표를 뽑아요? | 13 어둠을 금지한 임금님 에밀리 하얏스부스 | 발렌타인데이 14 사랑 사랑 사랑 맥 바넷, 카슨 엘리스 | 15 마음대로 채우는 아니야 박현희, 박정섭 |
| 16 길으로 가는 길 하이쿤 부이든리, 라파엘 요그램 | 17 건강 조재 조르츠 레드리아, 안드레 레드리아 | 우수 18 꽃마중 김미해, 이해정 | 19 세상의 모든 아이들을 위한 인권 사건 국제 사면 위원회, 크리스 리델 | 20 울리네 마음 선거 에스터 두불로, 샤이엔 올리비에 | 세계 모어의 날 21 내 친구 ㅇㅅㅎ 김지영 | 22 두 마리 당장 빼자! 신디 데비 |
| 23 모두의 태극기 박수현, 진수정 | 24 백년이이 김지연 | 25 그 소문 들었어? 하야시 기린, 쇼노 나오코 | 26 군중들의 대장 뽑기 팔리 세라스 부루고스, 모니카 카레테로 | 27 만약에 내가 정덕현, 윤마숙 | 2·28 민주운동 기념일 28 옛날 옛날 거지가 작은 섬에 묻어요 황이연 | |

2025년 3월

3월엔 읽다 보면 웃음이 나오는 학교 이야기, '이거 내 이야기야' 하고 고개가 절로 끄덕여지는 교우 관계를 담은 이야기를 추천해요. 봄이 오는 이야기도 빼놓지 않고요. 산책길 꽃망울에 안부를 묻다 보면 아이의 이야기 주머니도 절로 열릴 거예요.

# march

| SUN | MON | TUES | WEDS | THUR | FRI | SAT |
|---|---|---|---|---|---|---|
| | | | | | | **3.1절 1**<br>**유관순을 찾아라**<br>김진, 다나 |
| **2**<br>사름 쥐의 새옷 구경<br>박정원, 김동성 | **3**<br>아이파이브<br>아담 루빈,<br>다니엘 살미에리 | **4**<br>다다다 다른 별 학교<br>윤진현 | **경칩 5**<br>999마리 개구리 형제의 이사 대소동<br>키무라 켄, 무라카미 야스나리 | **6**<br>겨울눈아 봄꽃들아<br>이재호 | **7**<br>선생님은 운스터<br>피터 브라운 | **여성의 날 8**<br>나는 반대합니다<br>데비 레비,<br>엘리자베스 배들리 |
| **9**<br>별별이의 마법 연필<br>밀란다 유스프자이,<br>캐리스크레이트 | **10**<br>우주로 간 김땅콩<br>윤지희 | **11** 흠의 날<br>으랏차차 흙<br>박주연, 이영정 | **12**<br>친구가 미운 날<br>가사이 마리, 기타무라 유카 | **13**<br>파행 사용법<br>정연철, 이명한 | **세계수학의 날 14**<br>수영은 아기 돼지와 아주 크고 나쁜 늑대 한 마리<br>데이비드 월리엄스, 머리안나 발두치 | **15**<br>오리 아빠쁜이<br>나인정 |
| **16**<br>눈 구름<br>박수연 | **성 패트릭의 날 17**<br>특별하고 유미로운 세계의 별칭과 숫세<br>캐런 브라운, 베키 손스 | **18**<br>나 지금 불고 있다<br>임태리, 강은옥 | **19**<br>술의 시간<br>월리엄 스나우, 엘리스 헬빈 | **춘분 / 세계 참새의 날 20**<br>참새를 따라가면<br>김규아 | **국제산림의 날 21**<br>나무들과 사는 숲에서<br>아누크 부아로베르,<br>루이 리고 | **세계 물의 날 22**<br>물 한 방울에서 시작되는 이야기<br>제임스 카터, 노무라 |
| **세계 기상의 날 23<br>30**<br>도시에 돌이 차올라<br>마리아홀 알라스트라오<br>**특별 수운 케이크**<br>박지윤 | **세계 결핵의 날 24<br>31**<br>꽃구경 갑오다<br>김지연, 건잠<br>**상수쌔**<br>조혜란 | **25**<br>얼러리의 재우 상자<br>엘린 레빈, 카리트 넬슨 | **26**<br>별판준다고 있는데...<br>가사이 마리, 기타무라 유카 | **27**<br>엄까니와 몸의 정원<br>강혜영 | **28**<br>내가 예쁘다고?<br>황인찬, 이명애 | **29**<br>마음버스<br>김우, 소복이 |

4월은 식목일부터 종이 안 쓰는 날, 지구의 날, 세계 실험동물의 날까지 지구와 생명, 환경을 생각하는 날이 유난히 많아요. 심각하고 어려운 문제지만, 그림책으로 손쉽게 접근해 보세요. 《벚꽃 팝콘》을 시작으로 사뿐히 다가오는 꽃향기 가득한 봄을 느껴 보세요.

2025년 4월

# april

| SUN | MON | TUES | WEDS | THUR | FRI | SAT |
|---|---|---|---|---|---|---|
| | | 만우절 **1** | **2** 벚꽃 팝콘<br>백유연 | **3** 4·3희생자 추념일<br>나무 도장<br>권윤덕 | **4** 청명 / 종이 안 쓰는 날<br>우리 손이 어디 가니<br>윤구병, 이태수 | 식목일 / 한식 / **5** 국제조림의 날<br>나무<br>예람 마리 |
| 보건의 날 / 신문의 날 **7** | 숲속 괴물 그루풀로<br>줄리아 도널드슨, 악셀 셰플러 | **8** 저기요, 이제 그만해요!<br>데이비드 칼리, 줄리아 파스토리노 | **9** 오늘의 할 일<br>김동수 | **10** 숲속 재봉사의 옷장<br>최향랑 | **11** 세계 파킨슨병의 날<br>대한민국 임시정부 수립기념일<br>새들옷이 고양이<br>소피 블랙올 | **12** 세계 도서관의 날<br>도서관에 간 사자<br>미셸 누드슨, 케빈 호크스 |
| 발전과 평화를 위한 **6**<br>세계 스포츠의 날<br>올림피그<br>빅토리아 제미슨 | | | | | | |
| **13** 열흘<br>김혜은 | 블랙데이 **14**<br>개와 번 맞습니다<br>진수경 | **15** 세계 예술의 날<br>라 벨라 치따<br>취민, 최향랑 | **16** 국민안전의 날<br>나는 나를 지켜요<br>다가와 마사노부, 하야시 유미 | **17** 프레드릭<br>레오 리오니 | **18** 꽃이 핀다<br>백지혜 | **19** 4·19혁명 기념일<br>씨앗 사라진 아침<br>채울 두부이, 루리 아가스티 |
| **20** 곡우 / 장애인의 날<br>손으로 숨쉬요<br>요안나 콩세이로,<br>프란시스코 빌테레스 | 과학의 날 **21**<br>고약에 빠진 아이<br>미셸 탕고 | **22** 지구의 날<br>내 친구 자구<br>패트리샤 매클라클렌,<br>프랑체스카 산나 | **23** 세계 책과 저작권의 날<br>그래, 책이야!<br>레인 스미스 | **24** 세계 실험동물의 날<br>웅지 마, 울음들아<br>유은정 | **25** 세계 펭귄의 날<br>펭귄의 길이 바닥을 줍었어요<br>채민선, 김진만 | **26** |
| **27** 우리를 사랑하지 마<br>애비 한스튜블 | 충무공 이순신 탄신일 **28**<br>이순신을 찾아라<br>김진, 정지윤 | **29** 세계 춤의 날<br>숨을 수 있어<br>이수지 | **30** 세계 재즈의 날<br>벤의 트럼펫<br>레이첼 이자도라 | | | |

5월은 멋진 어린이들의 달! 이 세상에 태어난 귀한 어린이들을 위해 '탄생' 그림책과 '성장하는 어린이'가 주인공인 그림책을 추천했어요.
참! 5월 첫 주는 소통 그림책들이에요. 5월이 색과 향기가 가득 담긴 그림책은 봄소풍 갈 때 꼭 챙겨 가세요.

2025년 5월

# MAY

| SUN | MON | TUES | WEDS | THUR | FRI | SAT |
|---|---|---|---|---|---|---|
| | | | | 근로자의 날 **1**<br>밤.송<br>정인한 | **2**<br>물란 가족의 즐거운 소풍<br>카지라 미니코 | **3**<br>비 오는 날의 소풍<br>가브리엘 뱅상 |
| **4**<br>샌드위치 소풍<br>이수연, 강은옥 | 어린이날 / 부처님 오신 날 **5**<br>놀다 보면<br>고무신, 이재경 | **6**<br>내가 라면을 먹을 때<br>하세가와 요시후미 | **7**<br>거짓말 같은 이야기<br>강경수 | 어버이날 **8**<br>나, 꽃으로 태어났어<br>엠마 줄리아니 | **9**<br>내가 엄마를 몰랐어!<br>누부미 | 바다식목일 **10**<br>생명을 품은 바다 이야기<br>카이쿠 카드미네, 루치아 스쿠데리 |
| **11**<br>내가 나를 몰랐어!<br>누부미 | 근로자의 날 **12**<br>셀레스틴느는 훌륭한 간호사<br>가브리엘 뱅상 | **13**<br>빨간 특별한 아저씨<br>진수경 | **14**<br>꿈을 나르는 책 아주머니<br>헤더 헨슨, 데이비드 스몰 | 스승의 날 **15**<br>선생님, 우리 선생님<br>패트리샤 폴라코 | **16**<br>완두<br>다비드 칼리, 세바스티앙 무랭 | **17**<br>완두의 여행 이야기<br>다비드 칼리, 세바스티앙 무랭 |
| 5·18민주화운동기념일 **18**<br>봄을<br>고정순, 권정생 | **19**<br>완두의 그림 학교<br>다비드 칼리, 세바스티앙 무랭 | 세계 측량의 날 **20**<br>당신을 숨결에 드립니다<br>권정민 | 세계 문화 다양성의 날 **21**<br>난 세상에서 가장 대단한 예술가<br>마르타 알테스 | 세계 생물 다양성의 날 **22**<br>나보다 멋진 새 있어?<br>메러디 휴카스 | **23**<br>내가 왜 파란 색으로 그리냐고?<br>메러디 휴카스 | **24**<br>세상에 없는 놀이 한마당 같은 초록들<br>모라비토로 시가 |
| **25**<br>강변 거닐며<br>김지안 | **26**<br>꽃에 미친 김 군<br>김동성 | **27**<br>지구 레스토랑<br>조영글 | **28**<br>강을 따라서<br>앙, 울리카 킬베리, 베나 수시라 | **29**<br>정원에서 만나는 세상<br>이레네 페냐치 | **30**<br>선아서 만나는 세상<br>이레네 페냐치 | 단오 / 바다의 날 **31**<br>신화와 놀이 한마당 같은 단오제<br>장정룡, 정소영 |

★ 5월 19일~25일 세계 문화 예술 교육 주간

6월은 바깥 활동이 재미있는 달. 친구들과 뛰고 달리며 내 주변의 세상에 관심 가지기를 바라는 마음을 담아 즐거운 모험, 자연과 더 가까워지는 책들로 6월 달력을 가득 채웠어요. 여름이 무럭 자 모기가 나타나기 전, 장마가 시작되기 전 많은 것을 즐겨 보세요.

2025년 6월

# june

| SUN | MON | TUES | WEDS | THUR | FRI | SAT |
|---|---|---|---|---|---|---|
| **1** 세계 우유의 날<br>우유는 콸콸콸콸<br>맛있는 딸기 교실<br>세실 주클란 작 기사든, 모라 시몽 | **2**<br>산으로 들로<br>맛있는 딸기 교실<br>마쓰오카 다쓰히데 | **3** 자전거의 날<br>내 자전거가 좋아<br>사이먼 제임스 아서 | **4** 국제 침략 희생 어린이의 날<br>같은 시간<br>다른 우리<br>소피아 파네누<br>카테리나 마리니 | **5** 세계 환경의 날<br>할머니의 우주 여행<br>권윤덕 | **6** 현충일<br>태극기는 참 멋있다<br>이항진 | **7**<br>미을 사냥꾼<br>김민우 |
| **8** 세계 해양의 날<br>아무도 본 적 없는<br>제이언트 젤리피시를<br>찾아서<br>플로이 새비지 | **9** 구강 보건의 날<br>드라큘라 치과<br>윤담오 | **10** 민주항쟁기념일<br>건축물의 기억<br>최영식, 오수리, 홍지혜 | **11**<br>소중한 하루<br>윤태규 | **12** 세계 아동노동 반대의 날<br>그공 차요!<br>박규민 | **13**<br>누구 양말이에요?<br>손정 | **14** 세계 헌혈자의 날<br>아이들은 이상해<br>한민 |
| **15** 노인학대 인식의 날<br>기억의 풍선<br>제시 올리베로스<br>다나 윌프게터 | **16**<br>물의 공주<br>수진 베르네,<br>피터 H. 레이놀즈 | **17** 세계 사막화 방지의 날<br>붉은 하늘,<br>이젠 그만<br>이욱재 | **18**<br>달려라, 예나!<br>자전거 타고<br>세계 속으로<br>비비안 커크필드, 엘리슨 체이 | **19** 세계 난민의 날<br>나 진짜<br>급급해<br>미카이치 | **20** 세계 난민의 날<br>내 친구 조약돌<br>웬디 메도,<br>다니엘 에그너우스 | **21**<br>모두 다 음악<br>미란 |
| **22**<br>아! 바다<br>린다 애슈먼,<br>크리스티안 로반슨 | **23**<br>연잎 부침<br>배유안 | **24**<br>봉봉 중앙냥:<br>딱갈나무 수영장으로<br>오세요<br>심보영 | **25** 6.25전쟁일<br>숨바꼭질<br>김정선 | **26**<br>산으로 들로<br>초록연못<br>구출 대작전<br>마쓰오카 다쓰히데 | **27**<br>끈을 열차<br>우사코 모타 | **28**<br>나는 자하철입니다<br>김효은 |
| **29**<br>1999년 6월 29일<br>데이비드 위즈너 | **30**<br>이렇게 멋진 날<br>리처드 잭슨, 이수지 | | | | | |

아이들이 수학을 재미있게 생각하면 좋겠습니다. 그림 예쁘고 흥미진진한 내용이 그림책으로 수학을 만나면 어떨까요? 수포자가 나오지 말라고 기도하는 마음으로 골랐어요.

2025년 7월

# july

| SUN | MON | TUES | WEDS | THUR | FRI | SAT |
|---|---|---|---|---|---|---|
| | | 1 선기한 숫자나무<br>마르크 트레바얀 | 2 나도 같다<br>사토 신, 아마무라 코지 | 3 국제 임회용 비닐봉지 없는 날<br>나는 봉지<br>노인경 | 4 미국 독립기념일<br>저우의 여신상의 오른발<br>데이브 에거스, 손 해리스 | 5 나는 돌이에요<br>지우 |
| 6 짱구와 숫자 세기<br>장뤼크 프로망탈, 조엘 졸리베 | 7 소서 / 도로의 날<br>탄탄하게 도로<br>이케우치 리리 | 8 콜라 발명<br>숫자를 구해 주세요<br>애슬리 N. 스펜스, 데이비드 마일스 | 9 정보보호의 날<br>도시 해킹<br>한수연 | 10 개미핥기를 구하는 딱 12가지 방법<br>맥스 잭슨 | 11 1초마다 세계는<br>부르노 지베르 | 12 숫자 넘어 숫자 이야기<br>송조 |
| 13 축구공 발명<br>아기오리 열두 마리는 너무 많아!<br>채인선, 유승하 | 14 북한이탈주민의 날 / 프랑스 혁명 기념일<br>파리의 작은 언어<br>루시아노 로사노 | 15 심자군 예루살렘 정복일<br>배고픈 개미 100마리가 발발발<br>엘리자 판체스, 보니 매캐인 | 16 새것 100개가 어디로 갔을까<br>이지벨 미노스 마르틴스, 아라 그두 | 17 제헌절 / 에어컨 발명<br>국수를 급자하는 법이 생긴다고요?<br>제이콥 크레이머, K-포이 스틸 | 18 옷, 무당벌레 두께가 궁금해!<br>엘리슨 라벤타니 | 19 전자렌지 발명<br>안녕 우리야<br>윤토기 |
| 20 초복<br>체린 마스크<br>우스키 미호 | 21 옷, 고래 길이가 궁금해!<br>엘리슨 라벤타니 | 22 대서<br>농부 달력<br>김선진 | 23 우리가 게이크를 먹는 방법<br>김효은 | 24 열형똥땅 아이버<br>박정신, 이민혜 | 25 바이로이트 페스티벌<br>딱을 올려라!<br>로렌 오하라 | 26 국제 맹그로브생태계 보존의 날<br>빨그로브<br>수진 L. 로스, 신디 트럼보어 |
| 27 유엔군 참전의 날<br>걱정 없는 임금님<br>박정선, 민은정 | 28 빨간 모자<br>노자카 아키로, 안노 미쓰마사 | 29 국제 호랑이의 날<br>줄무늬 없는 호랑이<br>재미마 왓브레드 | 30 중복<br>풀잎 국수<br>백유연 | 31 수학에 빠진 아이<br>미겔 탕코 | 1+2=3 | |

뜨거운 햇볕이 이글이글 내리쬐는 여름이에요. 보기만 해도
시원한 바다로 가득 찬 그림책을 골라 보았어요.
옥수수와 팥빙수, 아이스크림처럼 더위를 날려 버릴 여름 간
식까지 준비했으니 시원하게 읽어 보세요. 아참! 여름 하면
《라라베돔》 블루가 독 쏘러 가 보세요!

2025년 8월

# august

| SUN | MON | TUES | WEDS | THUR | FRI | SAT |
|---|---|---|---|---|---|---|
| | | | | | 1<br>검피 아저씨의 뱃놀이<br>존 버닝햄 | 2<br>이것봐에 누가 다녀갔을까?<br>디자인 자연박물관 |
| 3<br>맨드 속고 딸기<br>샤이다 | 4<br>당근 알맹이<br>안정심 | 5<br>두더지의 여름<br>군상윤 | 6<br>달새들도<br>백희나 | 7<br>안녕, 가을<br>케네드 박 | 8<br>100만 번 산 고양이<br>사노 요코 | 9<br>팥빙수의 전설<br>이지원 |
| 10<br>나를 세어 봐<br>케이티 코토, 스티브 월튼 | 11<br>옥수수수<br>한연진 | 12<br>코끼리를 사랑에에<br>하는 100가지 이유<br>캐서린 루터 | 13<br>친구야 나는 너와<br>달라, 친구야<br>나는 너와 같아<br>콘스탄체 폰 킷첸 | 14<br>꽃책까니<br>권윤덕 | 15<br>계통이의 1945<br>권오준, 이경국 | 16<br>세월 1994-2014<br>문은아, 박건웅 |
| 17<br>바다가 큰 선물<br>다카오 유코 | 18<br>모모모모모<br>범고 | 19<br>바다, 어디까지<br>내려가 봤니?<br>자늠베르트 아차노리, 존리아 차코리 | 20<br>모기는 왜 귀에서서<br>왱왱거리는가?<br>베나 알드마, 디에알름, 레오 달론 | 21<br>태양 왕 수바:<br>수박의 전설<br>이지원 | 22<br>발산<br>오세나 | 23<br>옥상 바다가!<br>페이스 림포크 |
| 24<br>31<br>아름이 많은 게<br>박혜선, 김이조<br>아빠, 나의 바다<br>이경아 | 25<br>휴가<br>이명애 | 26<br>얼마나의 여름휴가<br>안녕달 | 27<br>바다 100층짜리 집<br>이와이 도시오 | 28<br>거인의 정원<br>최장인 | 29<br>견우 직녀<br>이미애, 유혜로 | 30<br>마법의 여름<br>하타 고시로, 후지와라 가즈에, 하타 고시로 |

한글 그림책은 한글 공부 교재가 아닙니다. 하지만 한글이 얼마나 재미있는가를 확실히 알려줍니다. 쭉 교재로 쓰고 싶다면 예습 말고 복습 교재로 쓰세요. 무슨 무슨 날로 다 챙 겨서 주제에 맞는 그림책을 꼽았답니다. 아이와 대화하는 마중물이 되면 좋겠습니다.

2025년 9월

# september

| SUN | MON | TUES | WEBS | THUR | FRI | SAT |
|---|---|---|---|---|---|---|
| | 지폐 발행 1<br>**100원이 작다고?**<br>강민경, 서현 | 제 2차 세계대전 종식일 2<br>**꿈 인형 오토**<br>토미웅거러 | 3<br>**ㄱㄴㄷ 숨바꼭질**<br>김재영 | 지식재산의 날 4<br>**별멍과 로지의 빛나는 슬패락**<br>안드레아 비티, 데이비드 로버츠 | 5<br>**내 친구 ㄱㄴㄷ**<br>오하나 | 자원 순환의 날 6<br>**바스채서 표유기**<br>전민걸 |
| 백로(포도가 맛있는 때) / 7<br>사회복지의 날 / 푸른하늘의 날<br>**포도 풍경**<br>한민경 | 세계 문해의 날 8<br>**할아버지의 나머 훌쩍 넘어**<br>윤여림, 조윤주 | 숙련기술인의 날 9<br>**생생한 건강 연상**<br>캐런 브라운, 비 존슨 | 세계 자살 예방의 날 10<br>**살이 있다는 건**<br>다니카와 슌타로, 오카모토 요시로 | 11<br>**고양이는 다 된다**<br>전미진, 이정희 | 대한민국 방언의 날 13<br>**사과, 배소를 타다**<br>윌리엄 맵리, 존 워드 | |
| | 이산가족의 날 / 15<br>세계 민주주의 날<br>**우리 가족입니다**<br>이혜란 | 시계 발명 (세종실록에 16<br>자격루기 기록된 날)<br>**자동 물시계 자격루**<br>김명화, 김동성 | 17<br>**생각하는 ㄱㄴㄷ**<br>이지원<br>이모나 흐미엘레프스카 | 철도의 날 18<br>**작은 기차**<br>마가릿 와이즈 브라운, 다이앤 덜론, 레오 덜론 | 19<br>**기차 ㄱㄴㄷ**<br>박은영 | 청년의 날 / 세계 대학 20<br>스포츠의 날 / 국제 연안 정화의 날<br>**버섯속 케이드**<br>안드레아 츠루미 |
| 14<br>**울컥이는 ㄱㄴㄷ**<br>이수지 | 치매극복의 날 / 21<br>세계 평화의 날<br>**처음이 두 번 올릴 때까지**<br>이명애 | 추분 23<br>**멸치 다듬기**<br>이상교, 범근 | 24<br>**개구쟁이 ㄱㄴㄷ**<br>이에빼 | 25<br>**구름 안 송가락 ㄱㄴㄷ**<br>황숙경 | 26<br>**엄마소리가 들렸어**<br>우승헌, 이은이 | 27<br>**한글 품은 한옥**<br>김두영 |
| 세계 보편적 정보 28<br>접근의 날(디지털 리터러시)<br>**아주 작고 흐린 팩트**<br>조녀 원티, 피트 오즈월드 | 한생제 발명 / 29<br>세계기억의 날 (에빼크)<br>**북행을 낯설고 돌 다음해라**<br>엘리사 코피, 코피, 롯시클랜드 | 개인정보 보호의 날 30<br>**포니**<br>김우영 | | | | |

닮았지만 각자 삶이온 시간만큼 달라진 가족이 모이는 명절이 다가왔어요. 여러 사람을 만나며 너른 마음으로 서로의 차이를 이해하길 바라며 그림책을 골랐어요. 다양한 문화와 역사, 고정 관념, 편견을 조금이라도 다른 각도에서 생각하는 기회가 되길 바라요. 다 읽고 바로 덮지 말고 꼭 책 대화 나누기 잊지 마요.

2025년 10월

# october

| SUN | MON | TUES | WEBS | THUR | FRI | SAT |
|---|---|---|---|---|---|---|
| | | | 1 어린이신문의 날 <br> **행복한 이야기** <br> 남궁정희 | 2 <br> **그래서 뭐?** <br> 스네이 쿠데르, 그레구아르 마비레 | 개천절 3 <br> **백두산 이야기** <br> 류재수 | 4 아시아독서의 날 <br> **엄마에게** <br> 서진선 |
| 5 <br> **추석 견냥 달님에** <br> 천미진, 장봇나 | 추석 / 세계 주거의 날 6 <br> **솔이의 추석 이야기** <br> 이억배 | 7 <br> **다음 달에는** <br> 진미화 | 8 <br> **우리 다시 언젠가 꼭** <br> 팻 지틀로 밀러, 이수지 | 9 한글날 <br> **자음의 탄생** <br> 전종숙, 김지영 | 10 세계정신의 날 <br> **숨** <br> 노인경 | 11 세계 참새의 날 <br> **인생의 첫새 통신** <br> 전현성, 이경석 |
| 12 <br> **사과바트** <br> 김유, 소복이 | 13 <br> **대추 한 알** <br> 장석주, 유리 | 14 <br> **벗긴 하루** <br> 안녕애 | 15 세계 등물로 선언의 날 <br> **라앵!** <br> 조원희 | 16 치매극복의 날 <br> **나를 살리고 우리를 살리는 위대한 밥상** <br> 서정훈, 김윤이 | 17 국제민군독서신인의 날 <br> **돌아가지 않고** <br> 스테파니 드미스 포트에, 톰 오고파 | 18 <br> **달빛속** <br> 김지연 |
| 여수순신신사건 19 <br> **정옥이** <br> 오승민 | 20 <br> **완사탕** <br> 백희나 | 자랑이의 불출명한 숨에 대한 짧은 연구 21 <br> 노에미 볼라 | 22 <br> **아빠, 나한테 물어봐** <br> 베나드 와베, 이수지 | 23 상강 <br> **감기 걸린 물고기** <br> 박정섭 | 24 국제 연합일 <br> **괴물들이 사라졌다!** <br> 박우희 | 25 독도의 날 <br> **독도 바닷속으로 와 볼래?** <br> 명정구, 안미린, 이승원 |
| 26 <br> **숨 정류장** <br> 한려경, 심부영 | 27 <br> **탱탱볼** <br> 감주 | 금융의 날 28 <br> **3 2 1** <br> 마리 간츠소-문앤 | 29 지방자치 및 균형발전의 날 <br> **나의 독신동** <br> 유은실, 오승민 | 30 <br> **오싹오싹 팬티!** <br> 에런 레이놀즈, 피터 브라운 | 핼러윈 31 <br> **유령은 이사 중!** <br> 곽수진 | |

이토록 이름다운 계절이라니, 밖에 나가 날씨도 즐기고, 열매를 맺은 뒤 지는 계절의 순환을 직접 관찰해 보세요. 익숙한 동네에서 새로운 순간들을 많이 수집하는 11월이라니, 얼마나 멋지요! 당연하게 생각했던 일에 궁금증을 품고 새로운 생각도 수집해 보길 추천해요.

2025년 11월

# november

| SUN | MON | TUES | WEDS | THUR | FRI | SAT |
|---|---|---|---|---|---|---|
|  |  |  |  |  |  | **1** 죽은 자의 날<br>**작은 별**<br>옥타비오 파스 |
| **2** 스마트폰 발명<br>**거꾸로세상**<br>자이페 패러독스 | **3** 학생독립운동<br>**해인이**<br>에라 에라 | **4** 잠자의 날<br>**염소똥 가져서다**<br>파리 | **5**<br>**만다 보면**<br>이윤학 | **6**<br>**까까지 소년**<br>아사마 테론 | **7** 입동<br>**나의 겨울은**<br>김선우 | **8**<br>**숲에서 보면 마법 같은 하루**<br>베아트리체 마시엘로 |
| **9** 소방의 날<br>**코끼리 아저씨는 코가 손이래**<br>고정순 | **10**<br>**엄마나, 어디 가요? 밤 주우러 간다!**<br>조혜란 | **11** 농업인의 날<br>**가래떡**<br>사이다 | **12**<br>**맛있는 건 뺏었어**<br>강양구, 김준은 | **13**<br>**고구마구마**<br>사이다 | **14**<br>**물안에서**<br>공허 가까워 | **15**<br>**토요일 토요일에**<br>모게쓰 |
| **16**<br>**롤리 호텔**<br>김지인 | **17** 순국 선열의 날<br>**나는 안중근이다**<br>김황금, 오승민 | **18** 소설<br>**다른유: 달라서 나는 세계사**<br>모니카 우투니스트로가야, 피오트르 소하 | **19** 아동학대예방의 날<br>**으르렁 아빠**<br>알렉 세드, 브루노 하이치 | **20** 세계 어린이의 날<br>**어린이**<br>베아트리체 마시엘로 | **21** 아무것도 사지 않는 날<br>**동그라미 세상이야**<br>하야시 기린, 소노 나오코 | **22** 소설 / 김치의 날<br>**우당탕탕 김장 원정대**<br>무돌 |
| **23 — 30**<br>**나도 그거 할 수 있어**<br>부리타 테븐럼<br>**풀 생각과 별 생각**<br>바이하 | **24**<br>**낙엽 소년**<br>배유순 | **25** 세계 여성폭력추방의 날<br>**또 집이다가**<br>요안다 올레소, 아드리안 롱고 | **26**<br>**빨간 늑대**<br>마거릿 세드 | **27**<br>**메리는 입고 싶은 옷을 입어요**<br>가스 네드링 | **28**<br>**김장 호텔**<br>라디아 부디카리치 | **29**<br>**김장 서커스**<br>라디아 부디카리치 |

12월을 생각020만 해도 두근두근! 기다리고 기다리던 크리스마스가 있는 달! 25일까지 계속되는 겨울, 크리스마스 관련 그림책들을 아드벤트 캘린더를 오픈하듯 펼쳐 보세요. 26~28일에는 한 해 동안 내가 얼마나 자랐나 그림책과 함께 확인해요. 29~31일은 온 가족을 위한 책이에요.

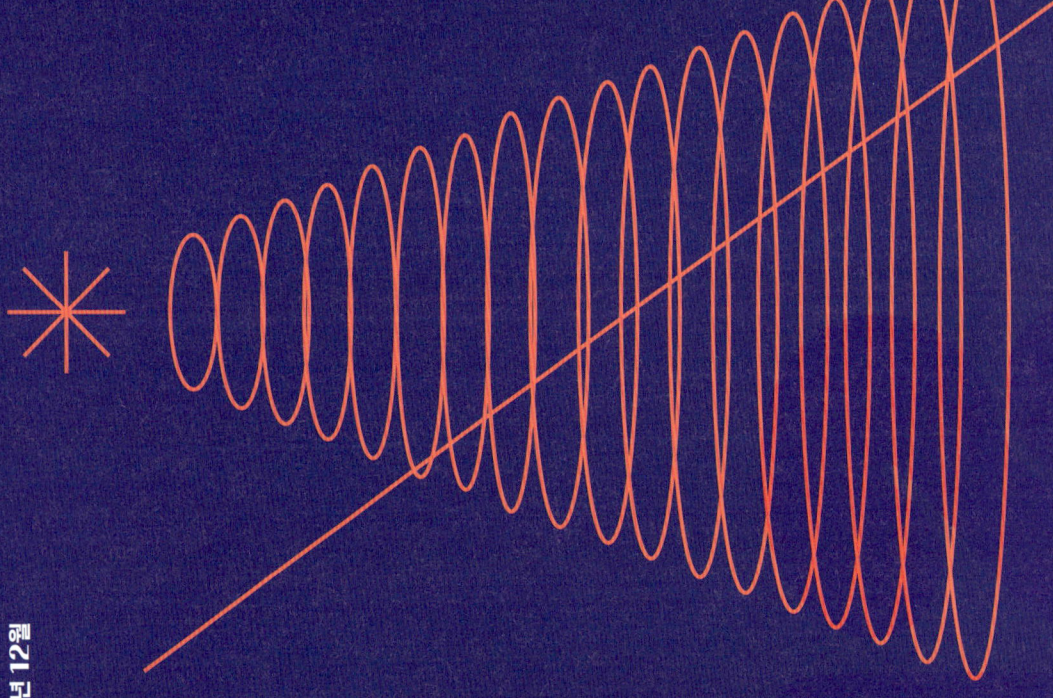

2025년 12월

# december

| SUN | MON | TUES | WEDS | THUR | FRI | SAT |
|---|---|---|---|---|---|---|
| | | 1 | 2 눈이 오면 이현주 | 3 새계 장애인의 날 감을 기차 김지안 | 4 엄마나, 어디 가요? 줄 게라 간다! 조혜란 | 5 걸이 솜솜 맛초고 양선 | 6 연이와 버들 도령 백희나 |
| 7 대설 창밖 로마나 로마니신, 코네라리예 | 8 부엉이와 보름달 제인 욜런, 존 쇤헤르 | 9 겨울 할머니 플러스 루투 베스 크룸스 | 10 입동 여우와 친구들 겨울 이야기 마리안느 뒤비크 | 11 눈사람 아저씨 레이먼드 브릭스 | 12 졸라 익스프레스 크리스 반 알스버그 | 13 산타의 첫 번째 순록 대서 매트 타바레스 |
| 14 산타는 어떻게 굴뚝을 내려갈까?! 맥 바넷, 존 클라센 | 15 크리스마스까지 아흡 밤 오무라 다케시다, 매리 홀 엣츠 | 16 별을 찾아라 크리스마스 에스텔 브리턴, 크레상스 부바렐 | 17 여러 가지 크리스마스트리 오호애 유카코 | 18 커다란 크리스마스트리가 있었는데 로버트 배리 | 19 다섯 밤만 더 자면 크리스마스 지미 릴리, 라치 디스 | 20 산타 할아버지의 첫 크리스마스 맥 바넷, 시드니 스미스 |
| 21 동지 모두의 크리스마스 김지나 | 22 동지 팥죽 할멈과 호랑이 박윤규, 백희나 | 23 크리스마스 전날 밤 클레멘트 클라크 무어, 로지 뒤스챙 | 24 나와 타라노와 크리스마스 경혜원 | 25 성탄절 산타클로스와 산타 마음의 읽는 날 마우리 큐넛스 | 26 용감한 아이린 윌리엄 스타이그 | 27 꼬마 단수 푸치 아서 마스리, 아키이 요지 |
| 28 빨간 줄무늬 바지 재인스, 이진아 | 29 당신의 마음에 이름을 붙인다면 마이아 카레리나 | 30 내가 아는 기쁨의 이름들 김혜진 피주 | 31 100 얀상 그림책 하이케 포레리슬, 라비른 루 크레세리 | | | |

# 긴 겨울이 지나고 봄이 오면
## 우리도 한 뼘 더 자라 있겠지요?

### 사계절이 모두 담겨 있는 자연 그림책

계절의 변화, 자연의 순환
아기곰과 아이의 우정과 성장을
그림책에 가득 담아 선물합니다.

김지연 글·그림 | 40P | 15,000원

 도서출판 노란돼지 | www.yellowpig.co.kr 인스타 @yellowpig_pub

---

# 새로운 첫발을 내딛는 사람들에게
## 건네는 따뜻한 응원

### '시간'과 '순간'의 대비로 풀어낸 황성혜 작가 그림책

선택에 따라 맞이하는 '순간'도 달라집니다.
다가올 새해, 새로운 첫발을 내딛는 당신에게
주어질 소중한 시간을 응원합니다.

## 같은 시간, 다른 순간

황성혜 글·그림 | 40P | 17,000원

달그림 | 인스타그램 @dalgrimm_pub

온그림책

## 2023년 볼로냐 라가치상
## 만 9~12세 대상 코믹스 부문 수상작

### 나의 선택에 따라 페이지를 넘나들며
### 무궁무진하게 바뀌는 이야기

온통 새까만 꿈에서 깨어나니 세상은 흑백으로
변해 있었다. 나의 기억이라는 존재를 만나자
신기하게도 색이 하나씩 돌아오기 시작했다.
기억과 함께한 뒤죽박죽 페이지 속 모험,
어떤 결말이 우리를 맞이할까?

제롬 뒤부아 지음 | 로리 아귀스티 그림
장한라 옮김 | 값 24,000원

## 2023년 볼로냐국제아동도서전
## 국제 일러스트레이션 어워드 수상

### 새까만 한밤에 벌어진
### 엉뚱하고 조용한 대소동!

밤하늘 아래에서 즐기는 하룻밤 캠핑.
그런데 혼자라고 생각했던 숲속에 수상한 눈동자가
번뜩인다! 박쥐 떼, 요정, 거인에 외계인까지,
아무도 모르게 펼쳐진 환상적인 아수라장!

안드레아 안티노리 그림책 | 문주선 옮김 | 값 22,000원

봄볕은 올마이키즈(www.allmykids.or.kr)와 함께 어린이를 후원합니다.

블로그 https://blog.naver.com/springsunshine

**1년 12달 그림책 플러스**

Editor - 오현수, 이시내, 임서연, 전은주, 표유진

# 2025년 열두달 그림책+

매일매일 그림책과 함께 2025년을 보낼 어린이와 양육자를 위해 〈라키비움J〉 기자들의 꿀팁이 모두 공개된다! 그림책 보고 다양한 활동도 하고, 때로는 영화도 함께 보고, 양육자를 위한 독서도 함께 하자.

## 나무의 사계절을 관찰해요!

한 해의 시작 1월은 앞으로 다가올 1년 12달을 위한 계획과 새로운 시작으로 분주한 달이다. 어린이들과 함께 의미 있는 1년을 계획해 보자.

겨울

봄

1년 동안 어린이가 관찰한 매실나무의 사계절

《바쁜 열두 달》
레오 리오니 글·그림, 김난령 옮김,
시공주니어

《바쁜 열두 달》은 한자리를 지키고 있는 나무 우디와 그 곁에서 한 해를 보내는 두 생쥐의 이야기다. 우디는 싹을 틔우고 꽃을 피우고 열매를 맺고 다시 봄을 기다리며 바쁜 일 년을 보낸다. 나무는 생명과 순환을 가장 잘 보여 주는 존재다. 기자는 1년 동안 아이들과 가까운 공원에서 '나의 나무'를 정하고 관찰하는 프로젝트를 진행하며 이를 눈으로 확인했다. 사계절 나무의 변화가 얼마나 경이롭던지! 여러분도 어린이와 함께 가까운 공원이나 정원에서 1년을 함께 보낼 나무를 찾아보자. '우디'처럼 늘 한 곳에서 어린이들을 기다리는 그런 나무를 말이다. 계절마다 사진도 찍고, 그림을 그리거나, 잎과 열매, 꽃 등을 관찰하다 보면 아이들은 놀라운 생명력을 지닌 자연과 특별한 친구가 되어 있을 것이다.

여름 / 가을

다음은 '나의 나무 관찰 프로젝트'에 참여한 아이들이 '가을 아침' 노래의 멜로디에 맞춰 쓴 노랫말의 일부다. 나무와 함께한 1년이 고스란히 담긴 특별한 가사다. QR코드를 찍으면 아이들의 노래도 직접 들을 수 있다.

♬♪ 가을 겨울 봄 여름 | 나무들이 우릴 반겨 | 가는 길은 신이 나고 | 기분이 좋아지네 | 배롱나무 꽃을 보러 | 오랜 세월 기다렸네 | 황금빛 꽃봉오리 | 하얀 꽃과 어울리네 음~ | 언제나 변함 없고 | 탄탄한 붉은 갑옷 | 갖고 있는 소나무는 | 꼬옥 나와 비슷하다 단풍나무 보면은 | 붉은 빛이 눈에 빛나 | 모네의 그림처럼 | 햇살에 빛이 나네 음~ | 양털처럼 하얀 꽃이 | 피어나는 매실나무 | 꽃이 지고 푸릇푸릇 | 열매가 익어 가네 | 커다랗고 길쭉한 | 너도밤나무는 | 얼굴 만한 이파리와 | 열매 속 씨앗 가득 | 나의 나무 내겐 정말 | 커다란 기쁨이야 | 나의 나무 내겐 정말 | 커다란 행복이야 | 사계절 함께한 내겐~ | 단풍잎을 관찰하며 | 가을 색깔 느껴 보네 | 눈 쌓인 나무들은 | 반갑고 아름답네 | 눈이 녹고 봄이 오니 | 차례차례 꽃이 피네 | 햇살 아래 뜨겁고 | 나무 아랜 시원하네 음~ ♪♪♪

## 어린이와 민주주의를 이야기해요!

2월 '민주주의와 정치' 도서는 어린이 독자와 책을 함께 읽기 전, 꼭 어른이 먼저 읽어 보길 추천한다. 다른 주제의 도서에 비해 대상 독자 연령이 높고 책 속의 개념어 설명부터 시작해도 여러 질문으로 꼬리물기 십상이다. 어린이가 당장 이해하기 힘든 내용의 책이라도 먼저 읽은 어른이 '이런 개념은 일상생활에서 이렇게 설명해 줄 수 있구나.' 하며 함께 나눌 대화의 힌트를 얻을 수 있다.

《멋진 민주 단어》
서현, 소복이, 한성민 글·그림,
사계절

### 국민의 권리와 자유는 소중해

민주주의는 개인의 나다움을 소중히 여기고, 나와 다른 타인을 공감하고 자유와 권리를 존중하는 것에서 시작된다. 《멋진 민주 단어》는 민주주의의 기본 정신을 어려운 개념어가 아닌 어린이 삶 속의 살아있는 단어로 재발견하게 한다.

**초등학교 1~3학년 어린이들과 함께 책을 읽었어요!**

1. 세 명의 작가가 자신의 경험과 생각을 함께 이야기하며 쓰고 그린 책이라는 점을 이야기해 주었어요.
2. 단어마다 내가 경험한 일이나, 내가 생각하는 예시들을 자유롭게 이야기하며 책을 읽었어요. 예를 들어 '나답다'라는 단어에서는 '내가 생각하는 가장 나다운 점'을 서로 소개했고 '꿈꾸다'라는 단어에서는 나의 꿈에 대해 이야기했어요. 물론 꿈을 이루기를 응원하는 박수도 힘껏 쳤고요.
3. 마지막으로 직접 나의 멋진 민주 단어를 생각하고 어떤 상황인지 그림으로 그려 보았어요. 나는 내 삶의 주인이라는 점을 생각하며 신중하게 단어를 뽑았어요.

**어린이가 직접 뽑은 '나의 멋진 민주 단어'**

Editor - 오현수

## 독재는 안 돼!

개인의 자유와 권리가 지켜지기 위해서는 책임과 의무, 서로 존중하는 마음 역시 필요하다. 힘센 사람의 마음대로 모든 것이 결정된다면 세상은 어떻게 될까? 그림책에서는 어린이에게 설명해 주기 어려운 개념과 상황을 더욱 명료하게 보여 준다. 민주주의의 반대쪽에 있는 단어-독재, 《아무도 지나가지 마!》와 《독재란 이런 거예요》를 짝꿍 책으로 함께 읽어 보자! 《갈색 아침》은 국가 권력의 부당함을 보고도 내 일이 아니라고 회피하고 모두가 침묵했을 때 삶에 어떤 비극이 일어나는지 우화로 보여 준다.

《갈색 아침》
프랑크 파블로프 글, 레오니트 시멜코프 그림, 해바라기 프로젝트 옮김, 휴먼어린이

## 함께 참여하는 정치, 민주주의

정치는 일상의 삶과 밀접한 관련을 맺고 큰 영향을 끼친다. 민주주의는 자신이 살고 싶은 세상과 자유와 권리를 누리기 위해 무엇을 할 것인지 스스로 선택하는 것이기도 하다. 국민은 선거에 투표로 자신의 권리를 주장하고 정당에 가입하여 자신의 목소리를 내기도 한다. 어린이에게 선거와 투표에 대해 알려 주고 싶다면 《민주주의를 어떻게 이룰까요?》와 《나도 투표했어!》를 짝꿍 책으로 함께 읽어 보자.

《아무도 지나가지 마!》
이자벨 미뇨스 마르틴스 글, 베르나르두 카르발류 그림, 민찬기 옮김, 그림책공작소

《독재란 이런 거예요》
플란텔 팀 글, 미켈 카살 그림, 김정하 옮김, 풀빛

## 대한민국의 모든 권력은 국민으로부터 나온다

모두가 한마음으로 "대한 독립 만세!"를 외치며 거리로 쏟아져 나온 지 100여 년. 대한민국의 거리와 광장은 국민의 다양한 목소리를 담아내는 의사 표현 공간이 되었다. 현실 정치가 어린이가 이해하기에 어렵고 복잡하다지만 대중 매체의 공세에 어린이의 눈과 귀는 이미 열려 있다. 어린이의 연령대와 눈높이에 맞춘 어른들의 적절한 설명과 대화는 민주 시민으로 성장할 좋은 교육의 장이 되기도 한다. 다양한 목소리가 공존하고 존중받는 집회 현장에 보호자와 함께 참여한 경험은 참여와 연대의 개념을 생생하게 느끼게 하고 어린이의 '민주 시민 감수성'을 높여 준다. 《백년아이》와 《우리들의 광장》으로 역사 현장에서 국민의 목소리를 생생하게 느껴 보자.

《나도 투표했어!》
마크 슐먼 글, 세르주 블로크 그림, 정회성 옮김, 토토북

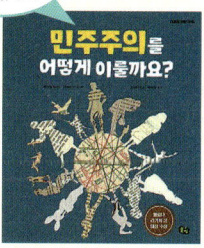

《민주주의를 어떻게 이룰까요?》
플란텔 팀 글, 마르타 피나 그림, 김정하 옮김, 풀빛

《백년아이》
김지연 글·그림, 다림

《우리들의 광장》
김명희 글, 백대승 그림, 길벗어린이

## 새 학기 불안을 날리는 방법

3월은 '새 학년 새출발'이라는 구호로 다시 한번 시작하는 기회를 주는 달이다. 하지만 많은 아이들이 새 학년 새 학기를 맞아 긴장도 높은 생활을 하는 달이기도 하다. 그래서 준비했다. 3월 한 달 그림책과 함께 아이들의 긴장과 불안을 날려 보자! (부모에게도 효과가 좋다!)

### STEP.1

《하이파이브》
아담 루빈 글, 다니엘 살미에리 그림,
노은정 옮김, 위즈덤하우스

서로에게 날마다 더 좋은 일이 생기길, 더 좋은 사람이 되길, 바람을 담아 하이파이브를 주고받으며 시작해 보자. 그림책 《하이파이브》를 보며 우리 가족만의 특별한 동작을 개발하면 더욱 좋다.

우리 아이가 바뀐 환경에 적응은 잘할까, 새 친구는 잘 사귈까, 불안하고 조급한 건 어른들뿐. 정작 아이들은 재빠르게 새 친구를 사귀고 겨우내 조용했던 놀이터에서 신나게 뛰어논다.

### STEP.2

《겨울눈아 봄꽃들아》
이제호 글·그림, 한림출판사

앞서 1월에 소개한 1년 12달 나무 관찰이 부담스럽다면, 혹은 이미 한 번 하고 포기한 상태라면 다시 한 번 도전해 보자! 3월 딱 한 달만이라도 말이다. 긴장되고 불안한 마음에 '여기 좀 봐 봐. 우리 여기 있어.'라며 꽃봉오리들이 일상에 쉼표를 더해 준다.

학교나 유치원 가는 길, 아이와 함께 나무의 안부를 챙겨 보자. 《겨울눈아 봄꽃들아》는 나무의 특징을 알려 주어 관찰을 돕는다. 관찰 일지를 적듯 꽃가지의 매일 변화를 사진으로 담아 보자. 물론 아이의 몫이다. 솜털이 보송보송했던 겨울눈이 서서히 부풀어 오르고 꽃봉오리 색이 짙어지고 꽃송이가 피어나는 순간의 증인이 되어 주는 일, 매일 지켜보는 사람만이 눈치채는 봄의 작은 날갯짓이다.

### STEP.3

《목련 만두》
백유연 글·그림, 웅진주니어

바람이 아직 차가운 3월, 두툼한 솜털 코트를 입은 목련의 겨울눈이 유독 눈에 뜨인다. 껍질을 까 보면 푸른빛이 도는 작은 꽃이 들어 있다. 만두 같은 하얀 꽃이 피어나면 오늘의 그림책은 고민도 없이 《목련 만두》다.

봄맞이 준비를 했을 뿐인데 친구들의 오해로 상처 입은 청설모는 목련 나무 아래 외톨이로 맴돈다. 다람쥐는 미안한 마음을 담아 만든 목련 만두를 나무에 매달아 전하고 청설모와 함께 목련 꽃이 활짝 피길 기다린다. 백유연 작가의 《목련 만두》는 서로 마음을 열고 한마음으로 피어나는 아이들의 모습을 봄날의 풍경 속에 담아낸다. 봄꽃은 갑자기 피어나지 않는다. 가만가만 비추는 봄 햇살과 달빛, 내리는 봄비에 꽃망울이 터진다.

Editor - 오현수

아이의 성장도 마찬가지다. 키 큰 목련 나무처럼 다정히, 조용히 응원하며 기다려 주는 사이 아이는 스스로 훌쩍 자란다. 불안과 조급함이 만들어 낸 내 맘의 구김살도 덩달아 부풀어 펴진다. 산수유, 목련, 개나리…. 차례로 피는 봄꽃들을 아이와 함께 응원하자.
참! 목련 꽃잎이 땅에 떨어지면 꽃잎에 그림을 그려 보자. 손톱으로 꾹꾹 누르면 멋스러운 갈색 펜화가 완성된다.

벚꽃 팝콘이 팡팡 터지는 3월의 마지막 주, 인내의 열매를 자축하고 아이의 새로운 시작과 성장을 축하하는 케이크 파티는 어떨까? 아이와 함께 단골 빵집에서 케이크를 사 달콤한 시간을 갖자. 또 다양한 재활용품들을 활용해 우리 가족만의 특별한 케이크를 만들어 보자. 비록 먹을 수는 없지만 그 안에 담긴 서로를 향한 사랑만큼은 그 어떤 케이크보다 달콤한 케이크를 말이다. 《특별 주문 케이크》를 보면 케이크 디자인에 영감을 받을 수 있다.

《특별 주문 케이크》
박지윤 글·그림, 보림

스티로폼이나 상자를 차곡차곡 쌓아 물감을 뿌리고 반짝이를 솔솔!

케이크 파티에 향긋한 차와 예쁜 접시는 필수!

가족의 사랑을 담은 케이크와 그림은 우리 집에서 제일 멋진 인테리어 소품

## 일상에서 지구를 지켜요!

2006년 식목일이 공휴일에서 제외되었다. 주 5일 근무제가 시행되면서 공휴일을 줄이자는 취지였다는데, 식목일이 쉬는 날이 아니게 되면서 놀러 가는 사람들이 줄어 산불이 줄었다니 다행인가 싶기도 하다. 지구 온난화로 인한 기후 변화로 묘목을 심기에 4월은 너무 더워져 식목일을 3월로 옮기자는 주장도 나오고 있다. 이러다 당기고 당겨서 1월의 식목일을 맞이하는 건 아닌지 걱정이다. 우리 함께 지구를 지킬 방법을 생각해 보자!

## 지구를 구하는 쓰담쓰담 약손  이 필요해!

어린 시절 배가 아프다고 하면 "엄마 손은 약손" 하며 배를 쓰다듬어 주던 어머니의 따뜻한 손을 기억하는가? 이제 아픈 지구를 위해 우리가 약손이 되어 주자. 일주일 동안 하루에 한 번 지구를 살리는 착한 손을 기억하고 실천하면 된다.

| 일 | 월 | 화 | 수 | 목 | 금 | 토 |
|---|---|---|---|---|---|---|
| 지구를 생각하는 그림책을 한 권 보는 약손 | 아무도 없는 방 불을 끄는 약손 | 음식은 먹을 만큼 덜어서 남기지 않고 다 먹는 약손 | 양치질을 할 때는 컵에 물을 받아서 쓰는 약손 | 손을 씻은 후 휴지 대신 수건에 물기를 닦는 약손 | 일회용 물컵 대신 나의 물병을 챙기는 약손 | 재활용 마크를 확인하고 분리수거하는 약손 |

지구를 생각하는 그림책은 4월 달력에 가득 준비해 두었으니 어떤 책을 볼까 걱정은 넣어 두자.
식목일이 있는 달 4월 기자가 좋아하는 나무 그림책 2권은 특별히 더 권한다.

《나무들의 밤》
바주 샴, 두르가 바이, 람 싱 우르베티 글·그림, 보림

**1.** 신비로운 나무가 튀어나와 움직일 것만 같은 환상적인 그림과, 숲에서 살아온 인도 곤드족의 민담이 시적인 글로 담겨 있다. 나무를 위한 책답게 면, 마포, 짚 등의 폐품을 재활용해 만든 재생 종이에 무독성 잉크를 사용해 인쇄하고, 잘못된 파지는 버리지 않고 노트로 만들어 사용한다고 한다. 이쯤이면 나무라는 제목을 당당히 가질만 하다.

Editor - 임서연

## 우리 동네 제로 웨이스트 샵을 방문해 보자!

제로 웨이스트(Zero Waste)는 '생활 속에서 배출되는 쓰레기를 최소화하는 사회 운동'을 뜻한다. 포장을 줄이거나 재활용이 가능한 재료를 사용해서 쓰레기를 줄이려는 세계적인 움직임이다. '비닐봉지 대신 장바구니 쓰기', '플라스틱 칫솔 대신 대나무 칫솔 사용하기' 같은 생활 속 제로 웨이스트 실천은 생각보다 쉽고 다양하다. 제로 웨이스트샵은 제품이나 서비스를 판매하면서 포장재 사용과 환경 오염을 최소화하는 가게를 말한다. 아이와 함께 우리 동네 제로 웨이스트샵을 알아보고 이곳에서 제로 웨이스트 생활을 위한 다양한 팁을 얻어 보자.

### ♣ 기자가 아이와 함께 다녀온 우리 동네 제로 웨이스트샵 ♣

서대문역과 독립문역 사이 야트막한 언덕 위에 자리 잡은 제로 웨이스트 카페 야트막에 다녀왔다. 카페 한쪽 벽면 가득 생분해 옥수수실 치실, 천연 수세미 등 업사이클링과 친환경 제품이 가득해, 우리 집 주방이나 화장실의 플라스틱들을 퇴출하는데 큰 도움을 받을 수 있다. 음료 테이크아웃 시 개인 텀블러를 사용하면 음료 값을 할인해 준다. 이 외에도 환경을 위한 기후 책 독서모임이나, 플로깅 등 다양한 행사를 진행한다. 국내 소규모 농가의 친환경적인 농산물을 공동구매 형식을 통해 지역 소매 업체를 거점으로 한 상품 픽업 서비스도 진행하는데 꼭 개인 용기를 지참해야 한다. 멋진 주인장의 생각만큼이나 커피와 디저트 맛도 멋지다.

제로 웨이스트 카페 야트막 @yatmak_cafe
서울 서대문구 독립문로 29 1층

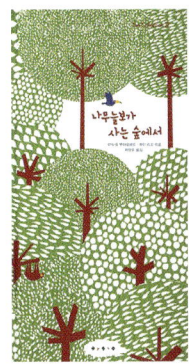

《나무늘보가 사는 숲에서》
아누크 부아로베르, 루이 리고 글·그림, 이정주 옮김, 보림

**2.** 이 책을 펼치면 '우아!'하는 아이들의 감탄이 먼저 나온다. 하늘 높이 솟은 나무들과, 그 사이를 흐르는 물줄기. 보기만 해도 숲에 온 느낌이 든다. 하지만 한 장 한 장 넘길수록 윙윙 시끄러운 소리를 내는 기계들이 늘어나고, 나무들은 점점 줄어든다. 아이들은 처음의 신기함은 잊고, 날아가는 새들과 마지막 남은 나무에 매달린 나무늘보를 걱정하는 마음이 커진다. 이렇게 숲은 사라지는 걸까? 걱정도 잠시 아이의 손으로 직접 종이를 당겨 새싹들을 피우는 순간 안도와 기쁨의 소리가 나온다. 책에서 심은 나무들을 직접 손으로 심어 보길 바란다.

## 영화도 보고, 자연 놀이도 하고!
계절의 여왕 5월은 어린이의 달! 어린이가 직접 5월을 즐기는 방법을 소개한다.

### 성장하는 어린이, 영화로 만나요!

- 제목 : 오늘부터 댄싱퀸
- 감독 : 오로라 고세
- 등급 : 전체 관람가
- 장르 : 드라마
- 국가 : 노르웨이
- 러닝타임 : 92분

안녕하세요? 저희는 어린이 신문 〈바람소리〉의 어린이 기자 윤치호, 오하록입니다. 저희는 올해 초등학교 4학년이 되는 동갑 친구입니다. 저희가 〈라키바움J〉 독자 여러분께 영화 한 편을 소개하려고 해요. 바로 '오늘부터 댄싱퀸'입니다. 이 영화는 노르웨이의 어린이 영화로 2023년에 여러 국제 영화제에서 수상을 한 영화입니다. 이 영화는 12살 미나가 노르웨이의 어린이 힙합 댄서로 유명한 에드윈을 만나면서 춤을 추기 시작하는 내용입니다. 미나는 에드윈에게 한눈에 반했거든요. 그래서 에드윈과 함께 춤 대회에 참가하려고 춤을 배우기 시작했습니다. 처음에는 매우 형편이 없었죠. 하지만 자신의 마음을 이해해 주는 할머니와 친구 마르쿠스의 도움으로 포기하지 않고 결국 잘 추게 되어요. 하지만 이 사이 할머니가 돌아가시고, 친구 마르쿠스와 사이가 멀어지고, 에드윈의 '살 좀 빼!'라는 나쁜 말 때문에 지나친 다이어트를 하다가 쓰러지는 등의 위기도 겪어요. 하지만 춤에 대한 사랑과 노력, 그리고 할머니의 응원과 친구 마르쿠스와의 우정을 통해 이를 극복합니다. 결국 미나는 에드윈이 아닌 마르쿠스와 오디션에 나가고, 상은 못 탔지만 가장 멋진 춤을 추게 되죠.

저희는 이 영화를 보며 어린이에게 예술에 대한 사랑과 열정을 심어 주는 영화라고 느꼈어요. 또 예술로 슬픔을 이겨낼 수 있다는 것도요. 예술을 사랑하는 어린이에게 이 영화를 추천합니다. 주변에 이런 어린이가 있다면 꼭 함께 보세요!
(참 미나의 막춤이 변하는 과정을 꼭 지켜 보세요.)

★★★☆☆ 8점 **어린이 기자 감상평** 노력하는 모습이 돋보여 감동적이지만 유머가 조금 부족해요. 진지하게 보세요.

♣ **좋은 어린이 영화 모두 모여라! 서울 국제 어린이 영화제, 부산 국제 어린이 청소년 영화제** ♣
우리나라를 대표하는 두 도시 서울과 부산에서는 매년 봄과 여름 국제 어린이 영화제가 열린다. 어린이와 청소년을 위한 좋은 영화를 다양하게 만날 수 있는 것은 물론 다채로운 참여 프로그램들도 많이 준비되어 있으니 놓치지 말자. (영화제 기간 온라인 상영회도 열린다.) 서울 국제 어린이 영화제 www.sicff.kr | 부산 국제 어린이 청소년 영화제 www.biky.or.kr

## 오색 빛깔로 물드는 오월을 수집하는 법

《장미 저택》에서 모은 장미의 색들을 《이 색 다 바나나》에서 찾아보세요!

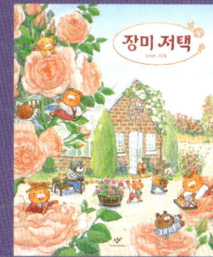

《장미 저택》
김지안 글·그림, 창비

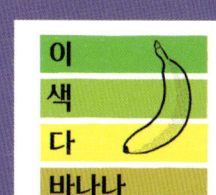

《이 색 다 바나나》
제이슨 풀포드 글, 타마라 숍신 그림, 신혜은 옮김, 봄볕

장미는 무슨 색일까요? 설마 "빨강!" 하고 끝은 아니겠죠? 여러 장미가 함께 피어 있는 공원에서 장미 꽃잎들을 주워 동그란 도화지에 양면 테이프를 이용해 붙여 보세요. 여러 색깔의 물감을 짜 놓은 팔레트 같기도 하고, 먹음직스러운 피자 같기도 해요.
이번엔 오일파스텔이나 크레파스로 관찰한 장미꽃잎의 색과 비슷한 색들을 찾아 칠해 보아요. 일반 크레파스보다 오일파스텔을 이용하면 색과 색을 문지르며 섞기가 좋아요. 꽃잎의 질감과도 비슷하고요.
모은 장미 색깔에 우리만의 이름을 지어 보는 것도 잊지 마세요. 그냥 딸기크림 색이나 엄마 입술 색, 부드러운 솜사탕 색 같은 이름을요.
향기를 맡는 것도 절대 빼놓을 수 없어요! 이때 꽃잎 몇 장을 돌로 찧어 보아요. 손으로 문질러도 보고요. 꽃잎이 으깨지며 더욱 진한 향기를 맡을 수 있어요. 물론 나뭇잎이나 풀잎도 마찬가지고요.

봄, 자연과 그 속에서 살아가는 생명을 소재로 한 그림책을
어린이와 함께 읽자.

인간은 지구에 사는 870만 종류의 생물 중 하나일 뿐, 인간은 수많은 생물들과 함께 지구에서 살아간다. 하지만 인간 중심의 산업화 도시화된 환경 속에서 아이들이 이런 생각을 가지기란 쉽지 않다. 때문에 인간은 자연의 일부이지 자연과 분리된 존재가 아니라는 생각을 어린 시절 반드시 키워 줘야 한다. 그림책은 이를 위한 훌륭한 체험 학습 현장이다. 자연이 우리에게 무엇을 주는지 자연 속에서 우리가 어떻게 살아가는지 다양한 이야기를 통해 들려 주고, 다양한 생명들과 조화롭게 살아가는 풍경을 보여 준다. 또 숲과 바다에서 뛰어노는 아이와 동물들이 그림책 속 주인공이 되어 봄, 여름, 가을, 겨울 변화하는 자연의 아름다움을 아이의 눈높이에 맞춰 보여 준다. 알에서 깨어난 애벌레가 나비가 되고, 작은 씨앗이 큰 나무가 되는 것처럼 생명이 나름의 방식으로 성장하는 모습들 역시 그림책의 단골 주제다. 이를 통해 아이들은 생명의 가치를 존중하고, 우리가 살고 있는 지구를 소중하게 생각할 수 있다. 그러니 자연이 담긴 그림책 한두 권쯤은 꼭 우리 아이 곁에 두고 자주 펼쳐 볼 수 있도록 도와주자. 특히 봄은 새싹이 고개를 내밀고, 꽃비가 흩날리고 나비와 벌이 춤을 추며 날아다닌다. 그림책 속 풍경을 매일매일 실제 일상생활에서 만날 수 있다. 자연 그림책을 보기 이보다 더 좋은 날이 있을까?

# 6 그림책 들고, 기차 여행!

6월은 눈부신 햇살과 초록이 바깥나들이 하기 좋은 달이다. '철도의 날'이 있는 6월, 아이들과 함께 떠나기 좋은 기차 여행지와 함께 보면 좋을 책을 살펴보자.

### 화랑대 철도공원

서울의 마지막 간이역 옛 화랑대역을 공원화하여 협궤 열차, 대한제국 전차, 증기 기관차 등 다양한 실물 열차를 전시하고 있다. 기차마을 스위스관에 전시된 기차 마을 모형 풍경은 아이들의 환호성을 자아낸다. 2025년 이탈리아관 개관이 예정되어 있어 더욱 기대되는 곳이다. 트램 도서관 안에서 아이들과 그림책 읽는 재미도 챙겨 보자.

서울시 노원구 화랑로 608
노원 기차마을 스위스 관 @nowon_train_village

### 문화역서울284

옛 서울역사의 원형을 복원해 2011년부터 문화, 예술 창작과 교류가 이루어지는 복합 문화 공간으로 사용되고 있다. 1층은 다양한 공연과 전시 공간으로, 2층은 전시와 세미나, 회의를 위한 공간이다. 서울역의 건축적, 역사적, 문화적 가치를 해설해 주는 공간 투어도 진행 중이다.

서울시 중구 통일로 1
https://www.seoul284.org

**《여기는 서울역입니다》**
정연숙 글, 김고둥 그림, 키다리

100년 동안 우리나라 근현대사 역사의 주요 사건을 지켜봐 온 옛 서울역. 1925년 일제 강점기부터 서울역을 중심으로 일어난 시대별 주요 사건들과 사람들의 이야기를 들려주고 있다.

**《열두 달 지하철 여행》**
김성은 글, 한태희 그림, 책읽는곰

책장을 넘기는 것만으로도 재미난 지하철 여행에 대한 기대감이 든다. 지하철 1~9호선, 수인선, 경춘선, 경의중앙선까지 각 노선의 주요 장소와 지리 정보를 입체 지도에 담고 있다. 매달마다 주제별로 역사 문화 체험 여행을 제안하고 있어 여행 안내서로도 충실하다.

**《기차 타고 부산에서 런던까지》**
정은주 글, 박해랑 그림, 키다리

부산에서 KTX로 출발, 시베리아 횡단 열차, 탈리스 고속 열차, 유로스타 등을 이용해 기차로 유라시아대륙 횡단 여행을 하는 가족 여행기를 보여 준다. 각 나라의 자연 풍광과 명소, 대표 기차 이야기를 만나 보자.

Editor - 오현수

### 파주 임진각 관광지

경의중앙선을 타고 임진강역으로 가자. 평화누리공원, 망배단이 조성되어 있다. 자유의 다리, 철책과 끊긴 교각, 한국전쟁 당시 파괴되어 녹슨 채 전시된 증기 기관차는 평화누리공원의 평화로운 언덕 풍경과 대비된다.

**경기 파주시 문산읍 임진각로 164**

**《비무장 지대에 봄이 오면》**
이억배 글·그림, 사계절

비무장 지대의 사계절 변화하는 자연과 군인들의 모습, 전망대에 올라 가족을 그리워하는 할아버지의 한결같은 모습을 통해 통일에 대한 간절함을 보여 준다.

### 의왕 철도박물관

야외 전시장에 증기기관차, 디젤 전기 기동차, 전동차, 열차 등이 전시되어 있는데 내부에 실제 들어가 관람할 수 있다. 전동 열차 운전 시뮬레이터 체험처럼 어린이들이 실제 해 볼 수 있는 다양한 놀거리와, 열차 디오라마와 역사 전시물 등 볼거리가 풍성하다. 의왕역을 거쳐 가는 다양한 열차를 볼 수 있는 야외 전망대도 놓치지 말자.

**경기도 의왕시 철도박물관로 142 철도박물관**
https://www.railroadmuseum.co.kr

**《기차가 출발합니다》**
정호선 글·그림, 창비

모름지기 기차 그림책은 좍 펼쳐 놓고 칙칙폭폭 기차 놀이를 해야 제맛! 4M 길이의 병풍 책에는 증기 기관차와 각양각색의 이야기를 품은 승객으로 가득한 기차역 풍경이 담겨 있다.

### 섬진강 곡성 기차마을

기적 소리와 함께 증기 기관차를 타고 시원한 섬진강 강바람을 맞으며 보는 강변 풍경이 더욱 푸르르다. 왕복 여행 중 만나는 이동식 간식 판매 아저씨의 너스레와 삶은 달걀. 그리고 사이다 맛도 꼭 경험하자. 5월 말에서 6월 초 곡성세계장미축제도 개최되니 꽃향기와 함께 증기 기관차 여행을 떠나 보자.

**전라남도 곡성군 오곡면 청동리**

**《우리 땅 기차 여행》**
조지욱 글, 김성은 기획, 한태희 그림, 책읽는곰

호남선(서울-광주)과 경전선(광주-부산)을 타고 떠나는 가족 여행기에서 항공 샷을 찍은 듯한 각 지역의 풍경을 만날 수 있다. 우리 땅이 한눈에 보이는 입체 그림책으로 각 지역의 주요 지형 특색과 지리 정보를 쉽게 이해할 수 있다.

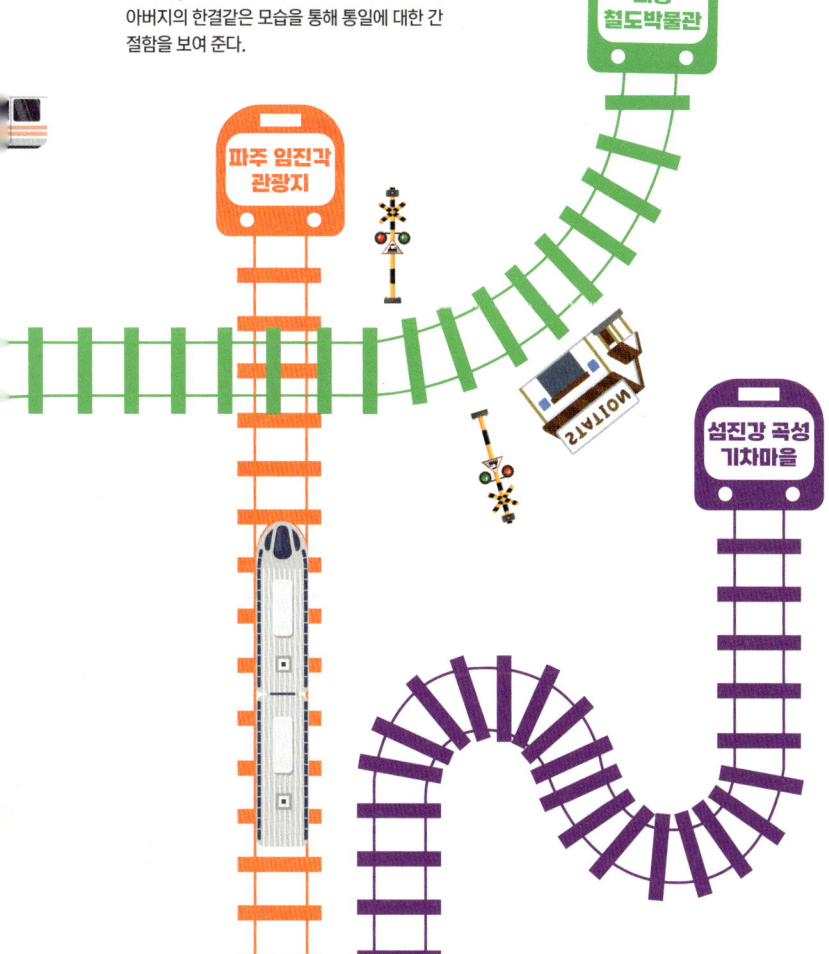

### 양육자를 위한 수학 교양서

공부의 반대말은 노는 것? NO! 새로운 것을 알아 가는 공부가 얼마나 재미있는 놀이인지 우리 아이들이 깨달으면 좋겠다. 수학에 대해서 하나도 모르거나, 너무 잘 알아서 어떻게 설명해야 할지 모르는 양육자에게 '우리 아이 수학 공부 도움 책' 몇 권을 추천한다. 수학 지도서가 아니다. 우리 아이 수학 마인드를 키워 주기 위해 생활 속에서 어떻게 해야 할지 도와주는 책이다.

### 오늘의 주제
### : 수학 공부 어른도 함께할까???

'달콤수학'으로 유명한 인스타그램 인플루언서(@yuyum31) '꿀샘'님의 책. 프롤로그의 제목이 '엄마의 수학을 돕습니다'일 정도로 아이에게 수학 개념을 어떻게 설명해야 할지 양육자가 감을 잡을 수 있도록 구체적으로 설명해 준다. 4~7세 아이는 숫자를 쓰고 사칙연산을 하기보다 구체물을 직접 만지고, 세어 보고, 그려 보고 쌓아 보아야 한다. 책만 보지 말고 인스타그램의 릴스를 꼭 함께 보자.

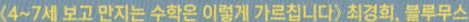
《4~7세 보고 만지는 수학은 이렇게 가르칩니다》 최경희, 블루무스

아이들이 어느 단원을 배울 때 '수포자'가 되기 쉬운지부터 수학 문제집은 어떻게 고르고 몇 권이나 풀게 하는 게 좋은지 초등 양육자의 각종 수학 교육 고민에 대한 답을 '사교육에 종사하지만 사교육을 싫어하는 선생님'이 알려 준다. 수학 해결책으로 저자가 제시하는 것은 바로 독서와 대화! 아이와 어떤 식으로 대화해야 할지 구체적인 '시나리오'가 있어서 활용하기 좋고, 추천 수학 그림책의 목록이 매우 충실하다. 부록으로 실려 있는 초1부터 고3까지 학년, 학기마다 무엇을 배우는지 수학 계통도도 유용하다.

《초등 수학머리 공부법》 김선홍(서농쌤), 스마트북스

Editor - 전은주

어른을 위한 수학 도움 책으로 그림책을 추천하는 이유는? 바로 수록되어 있는 그림책 해설 때문이다. 본문의 나뭇잎 색깔과 모양이 어떤 뜻이 있는지 설명부터 아이에게 어떻게 해야 관심을 불러일으키는지 구체적인 방법이 제시되어 있다. "지금은 새벽 3시야. 아직도 깜깜해. 나무와 나뭇가지 수를 세어 보자. 그런데 생쥐들이 다 도망가네. 무슨 일일까? 나무는 왜 두 그루일까?" 이런 예시 글은 수학 공부에도 도움이 되지만, 글자 없는 그림책을 아이에게 어떻게 읽어 줄지에 대해서도 훌륭한 사례가 된다. 이 해설은 '데카르트 수학 책방'을 운영하는 정유숙 님이 썼다.

《신기한 숫자 나무》 마르코 트레비잔, 사각파이

2002년에 처음 번역되었으니 오래된 책이다. 중국에서 초등학교 선생님을 하다가 미국으로 간 저자는 중국보다 훨씬 뒤떨어진 수학 교육을 하고 있는 미국 교육 현장을 보고 깜짝 놀란다. 중국과 미국의 수학 개념 교육 방법을 비교함으로써 우리는 양국의 장점을 어떻게 이용할 것인지 아이디어를 준다. 가령 여러 자릿수의 곱셈 파트에서 아이들이 주로 어떤 실수를 하는지 틀리기 쉬운 개념을 바로 잡아 주는 법과 어느 만큼 연습을 시켜야 하는지 모두 설명한다. 이 책은 수학에 대해 이해가 좀 있는 양육자와 교사에게 더 추천한다.

《초등학교 수학 이렇게 가르쳐라》 리핑 마, 신현용, 승영조 옮김, 승산

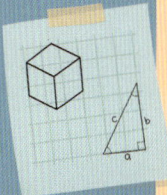

"수학을 왜 공부해야 해요?", "나는 수학을 원래 못해요." 아이가 하는 말에 말문이 막혔다면 이 책을 권한다. 사람들은 수학 뇌를 타고나야 수학을 잘한다고 생각하지만, 제대로 수학을 배우면 수학 뇌는 충분히 발달된다는 마인드셋을 해 주는 책이다. '내가 아이에게 수학을 제대로 이끌어 줄 수 있을까?' 고민하고 있는 부모에게 추천한다. 당신도 수학에 재미를 느낄 수 있다.

《수학머리는 어떻게 만들어지는가》 조 볼러, 고현석 옮김, 웅진지식하우스

## 8 바다 생물을 만나요!
바다를 사랑하는 이안이네 여름 이야기

우리 가족은 바다 여행을 좋아한다. 갯벌에서 뛰어다니기, 파도 타기, 낚시하기, 스노클링 등 바다에서 할 수 있는 다양한 놀거리들을 즐긴다. 시간이 날 때마다 바다 여행을 다니다 보니, 아이가 상상한 이야기나 그림은 바다를 소재로 한 것들이 많아졌다.

어느 날은 해가 지는 모습을 보며 아이가 이런 이야기를 했다.

"해가 하늘에서 지면, 해는 바다로 들어가. 땅 위의 세상은 밤이 되고, 바닷속 세상은 아침이 되는 거지."

또 언젠가는 바다로 가는 여행길에 다리를 건너며 이런 이야기도 했다.

"바다에 다리가 어떻게 서 있는 줄 알아? 소라게들이 다리를 붙잡고 있는 거야."

이런 생각들은 바다에서의 시간이 있었기에 가능한 것이라고 생각한다. 바다에서 첨벙거리며 놀다가 문득, 해가 지며 빠알갛게 물들어 가는 바다를 봤을 테고. 바다를 가만히 들여다보며, 그동안은 보지 못했던 다양한 생물들을 관찰했을 거다. 그런 시간이 켜켜이 쌓여, 아이만의 이야기를 만들어 가고 있다고 생각한다.

바다 여행에 거창한 준비는 필요 없다.

수영이 어렵다면, 조수 웅덩이 관찰도 좋다.

바쁘게 움직이는 소라게와 게, 감쪽같이 숨어 있는 새우, 톡 건드리면 움츠리는 말미잘까지. 작은 웅덩이 속에 커다란 세상이 있다.

바닷속 세상이 궁금하다면, 스노클링에 도전해 보자.

물안경과 스노클, 여기에 슈트를 입으면 체온을 조절하고 피부를 보호하는 데에 도움이 된다.

아이가 좋아하는 스노클링 장소를 소개하니 이번 여름 많은 가족들이 바다로 달려갔으면 좋겠다.

**Editor - 임서연**

"안녕하세요.
저는 김이안 어린이입니다.
스노클링을 재미있게 할 수 있는
4살부터 모아 온 저만의 비밀 장소를
알려 드릴게요.
스노클링과 함께 즐거운 8월 보내세요."

**1. 제주도 법환포구**
깊지만, 바위가 둥근 모양으로 포구를 감싸고 있어서 큰 파도를 막아 줍니다. 그래서 스노클링을 하기 좋은 곳이에요. 그리고 신기한 물고기도 많아요. 우리는 법환포구에서 두동가리, 나비고기, 파랑돔과 쏠배감펭도 봤답니다.

**2. 제주도 중문 도리빨**
바위가 많아서 들어가기는 어렵지만 꼭 가 봐야 하는 곳이에요. 왜냐하면, 이곳은 바다가 만들어 준 야외 수영장이거든요. 썰물로 물이 빠지고 나면, 바위 사이로 자연 수영장이 나타난답니다. 당연히 물고기도 많지요!

**3. 일본 오키나와 푸른 동굴**
푸른 동굴에는 우리가 상상도 못할 세상이 펼쳐져 있어요. 물속에 얼굴을 담그자마자, 엄청나게 많은 물고기가 보여서 깜짝 놀랄 지경이었답니다. 흰동가리, 남양쥐돔(블루탱), 나비고기, 쏠배감펭 등 다양한 열대어를 볼 수 있어요.

**4. 필리핀 모알보알**
모알보알에서 스노클링을 하며 바닷속 구경을 하다가, 제가 거북을 발견했어요. 거북은 먹이를 먹고 있었지요. 거북을 발견했을 때 정말 신기하고 놀라웠어요.

스노클링을 하지 않아도 지구의
바다 생물 전부를 만날 수 있는 곳!
국립해양생물자원관 씨큐리움

## 한글 공부, 그림책이 책임진다?

양육자는 기대한다. 그림책을 많이 읽은 우리 아이, 자연스럽게 한글을 익힐 수 있지 않을까? 그렇기도 하고, 그렇지 않기도 하다. 여러 아이의 이야기를 들어 보았다.
결론, 그림책은 교재가 아니지만 교재다!

 **꽃님에미 전은주**

우리 집 아이들은 꽃님이 꽃봉이 둘 다 자연스럽게 한글을 뗐…을 리가 있나요? 그토록 목이 터져라 그림책을 읽어 주어도 한글을 깨치는 데는 별다른 효과를 못 봤어요. 결국 두 아이 모두 "이건 기역이야. 그 소리가 나지. 이건 '아'란다. 기역이랑 '아'가 같이 있으면, 그ㄱㄱㄱㄱ 아아아아아 그아그아그아 가! '가'가 되는 거야. 기역 더하기 아는? 그아그아 가!" 이런 식으로 한글을 따로 가르쳤어요. 벽에 글자판을 붙여 놓고 엄마가 "그아악그아악 각각각각 크하크하 카!" 이런 소리를 한참 내야 했죠. 가르치면서도 좀 쑥스러웠어요. 내가 공룡이 된 기분….
확실하게 알았답니다. 그림책은 한글 교재가 아니다! 하지만 두 아이 모두 한글 규칙을 깨달으니까 금방 받침 글자까지 읽을 수 있게 됐어요. 그림책이 한글 교재는 아니지만, 한글을 깨칠 때 꺼내 쓸 수 있는 우리말 단어와 소리 등 글자 씨앗들을 충분히 심어 주었더라고요.

 **와니엄마 도은선**

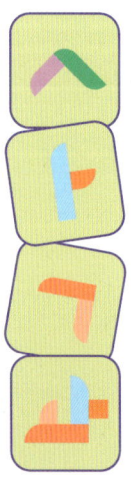

그림책을 읽어 주다 보니 어느 날 두 아들 모두 한글을 읽고 있더라고요. 처음에는 좋아하는 그림책의 제목을 읽길래 외워서 읽나 보다 했는데, "구리와 구라 그림책에 나오는 구 글자야." 하고 정확하게 책 제목을 인용하면서 글자를 읽길래 제대로 읽는다는 걸 알았지요. 첫째 때 그림책 제목으로 한글을 익히길래 둘째 아이 때는 좀 더 적극적으로 활용했어요.

1. 제목은 늘 정확하게 손가락을 짚으면서 읽어 준다.
2. 그림책 표지를 복사해서 익숙한 제목을 글자 카드로 이용한다.
3. 아이에게 책 제목을 알려 주고 스스로 뽑아 오도록 한다.
4. 그날 읽은 책 제목을 불러 달라고 하고, 엄마가 독서 기록장에 받아 적는다.
5. '사과', '괴물' 등 제목에 똑같은 단어가 나오는 그림책을 한꺼번에 뽑아서 보여 준다.

Editor - 전은주

### 성현, 수현 쌍둥이 엄마 박수경

열심히 그림책을 읽어 주면 아이들이 자연스럽게 한글을 뗄 줄 알았는데, 쌍둥이여도 한 명은 그렇게 됐고, 한 명은 방문 선생님이 오셔서 가르쳐 주셨어요. 아이마다 다르더라고요. '케바케'예요. 그림책으로 글자를 익힌 아이는 《이슬이의 첫 심부름》을 너무너무 좋아했어요. 그 그림책을 달달 외웠죠. 어찌나 천연덕스럽게 외웠는지 정말 글자를 읽는 줄 알았다니까요. 그런데 어느 날 보니까 다른 책은 몰라도 그 책은 읽고 있더라고요. 그러더니 그 책에 나온 글자는 다른 책에서도 알아보고, 그러더니 읽더라고요. 한 권을 달달 외우고 한글을 익힌 거죠.

### 유찬, 유빈 엄마 양혜찬(교사)

아이들이 몸으로 직접 글자를 만들어 보면 그 글자는 쉽게 기억합니다. 친구가 몸으로 만들었던 글자도 잘 기억하죠. 언제 글자 하나하나 다 몸으로 만들어 보나 싶어도 몇 개 만들다 보면 기호가 글자가 되고, 소리와 연결이 됩니다. 만들어 보지 않은 글자도 응용이 되고요. 꽃으로 글자를 꾸며 보거나, 찰흙으로 글자를 만들어 보거나 하는 활동들이 단순히 미술 놀이에 그치지 않고, 글자에 대해 더 친하게 느끼게 하는 기회가 되기 때문에 1학년을 맡으면 꼭 글자 놀이를 수업 시간에 하려고 해요. 선생님이 읽어 준 그림책의 제목도 아이들이 잘 기억합니다. 나와 특정 글자가 어떤 연관을 가지면 그 글자를 쉽게 기억하는 거죠.

## 달, 과학과 예술이 만나다

하늘은 높고 말은 살찌는 계절, 아니 내가 살찌는 10월이 왔다. 세상은 완연한 가을 색으로 물들고 헤어진 가족이 오랜만에 모여 서로를 물들인다.

90년대 추석 풍경을 보며 '라떼'를 추억하는 《솔이의 추석 이야기》, 가족의 평안을 비는 《추석 전날 달밤에》, 힘든 상황에도 가족에 기대어 살아가는 《다음 달에는》. 개천절, 문화의 날, 여수순천사건, 독도의 날 등을 비롯해 핼러윈까지. 바쁘다 바빠 소리가 절로 나온다. 그래도 아이들과 우리 문화의 소중함을 되새기는 그림책을 놓칠 순 없다. 제철 음식만 있는 게 아니라 제철 그림책도 있는 법. 때에 맞는 그림책을 읽은 경험은 아이 마음에 조금 더 깊게 머문다. 그런 의미로 추석을 맞이해 4학년 아이들과 《달빛춤》을 나눴다. 공판화로 검은 밤하늘에 달을 찍고 흰색 펜으로 그림책 배경인 운주사에서 인상 깊었던 와불과 북두칠성 자리를 그렸다. 달빛 아래 시대와 인종, 나이를 뛰어넘는 모두가 소원을 비는 장면에 우리 가족의 소원도 함께 빌었다. 직접 몸을 움직이며 달을 만들고, 그림책을 이모저모 뜯어 보며 떠올린 소원은 오랫동안 아이들 마음에 머물러 더 커질 테다. 풍성한 계절을 맞아 서로의 안녕을 빌어 주는 넉넉한 10월이 되길 바란다.

앗차! '달' 하면 소원을 비는 전통도 있지만, 아이와 함께 지식도 쌓고 싶은 어른에게 이 그림책을 권한다. 《달은 어떻게 달이 될까?》는 처음 달이 생긴 과정, 지구를 비추는 방법, 날짜마다 달 모양이 달라지는 이유, 지구를 돕는 달의 역할까지 다양한 지식 내용을 어린이의 눈높이에서 친절하게 풀어냈다. 이 책을 읽자마자 '4학년 과학이 그대로 들어있네? 심지어 귀여워!' 절로 장바구니에 담아 버렸달까. 가을을 맞아 두둥실 밝아진 달을 보며 아이와 함께 풍성한 대화의 물꼬를 트는 그림책이 되길 바란다.

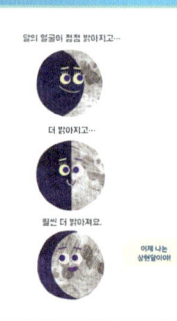

《달은 어떻게 달이 될까?》
롭 호지슨 글·그림, 김민경 옮김, 북극곰

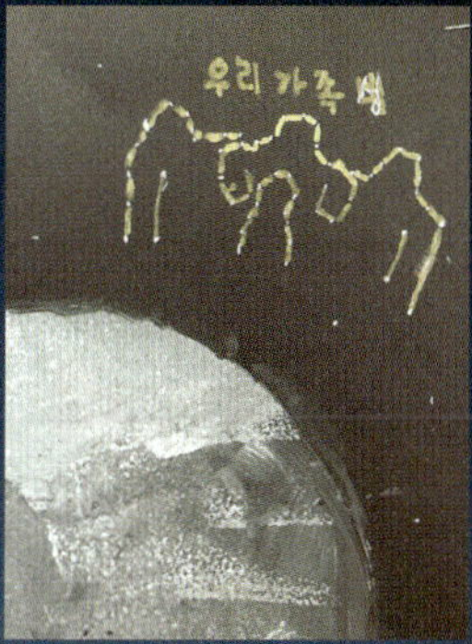

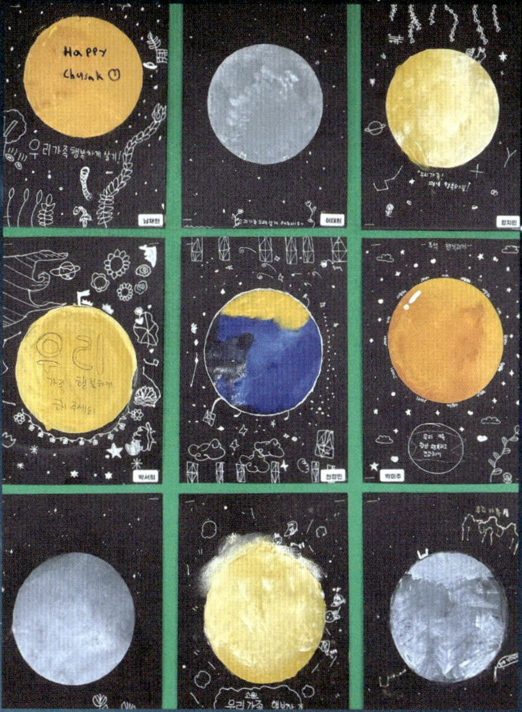

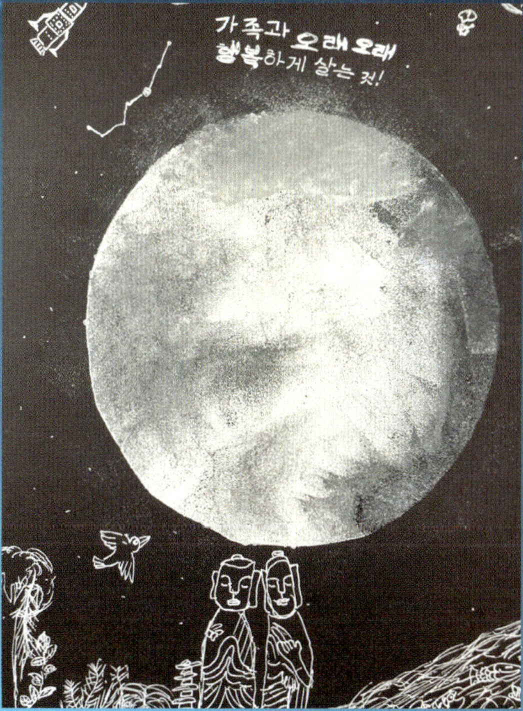

Editor - 이시내

《달빛춤》

## 가을 숲에서 놀자!

성격 급한 겨울 덕분에 하루하루 가을빛이 바래지는 11월이다. 가을 끝자락이라도 즐기겠다고 밖으로 나섰다. 그런데 붉은 단풍나무 아래에는 자연이 아닌 다른 걸 보는 사람들로 가득하다. 아이들은 낙엽 쌓인 땅을 밟으며 바스락거리는 놀이가 아닌 유아차, 웨건 안에서 고개를 푹 숙이고 스마트폰 영상을 보느라 바쁘다. 눈앞의 자연이 아닌 네모난 화면에서 타인의 시각으로 편집된 계절을 만나는 아이들은 어떻게 자랄까?

가을 숲은 놀거리로 가득하다.

Editor - 이시내

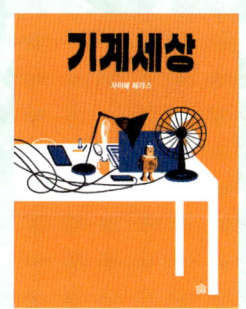

《기계세상》은 책상에는 컴퓨터와 게임기가, 하늘에는 비행기, 땅에는 자동차가 가득한 세상을 보여 준다. 이런 환경에서 아이들은 자발적으로 기계를 내려놓을 수 있을까? 할아버지에게 생일 선물로 책을 받은 아이는 기계 대신 책을 선택할까? 읽은 뒤에는 변화가 생길까? 기계의 이점 덕분에 나를 위해 시간을 더 누리는 세상에서 우리는 정말 늘어난 시간만큼 '나'에게 몰두하고 있을까? 질문을 쓰는 내내 가슴이 따끔하다. 쿨럭.

《기계세상》 자이메 페라스 그림, 그림책공작소

엄마 일정 때문에 억지로 따라온 시골집에서 할 게 없어서 게임을 했을 뿐인데 잔소리가 쏟아진다. 정원에 나갔지만 세상에나. 비 때문에 모든 게 엉망진창이다. 언덕을 따라 내려가다 게임기도 물에 빠뜨리고 말았다. 되는 일이 하나도 없다! 하지만 인생이란 새옹지마 아닌가. 비 내리는 숲에서 아이는 맘껏 도전하고 느끼며 자연을 만난다. 놀다 보니 미처 몰랐던 '내 취향'을 깨닫고 숲의 아름다움에 빠진다. 자신의 부정적인 감정을 어떻게 해소할지 몰라 온라인으로 회피하던 아이들을 자연으로 꺼내는 그림책 《숲에서 보낸 마법 같은 하루》는 읽고 나면 절로 나가고 싶은 마음이 들게 한다. 그렇게 자연의 경이로움을 한 번이라도 겪은 아이는 산책만으로도 불안과 스트레스가 줄어든다. 나를 휘몰아치던 감정은 자연 앞에서 작아지고 작아져 바람에 날아간다. 베아트리체 알레마냐는 아름다운 몰입의 경험을 독자에게 전한다.

《숲에서 보낸 마법 같은 하루》 베아트리체 알레마냐 글·그림, 이세진 옮김, 미디어창비

《튤립 호텔》의 멧밭쥐는 다음 해의 아름다움을 위해 늦가을에 부지런히 튤립 알뿌리를 심는다.

《튤립 호텔》 김지안 글·그림, 창비

가족과 겨우내 먹을 김장을 하는 《우당탕탕 김장 원정대》도 있다. 그림책 속 인물처럼 주저하다 사라질 가을 끝에서 자연을 느끼고 소중한 사람을 만나는 건 어떨까?

《우당탕탕 김장 원정대》 무돌 글·그림, 노란돼지

온라인과 기계에서 멀어져 나를 회복하는 시간을 갖자.
사소하지만 자기 전 스마트폰은 다른 곳에 두는 습관을 들여 보는 건 어떨까?
파란 불빛 말고 함께 책을 읽고 잠든 아이의 말랑한 등을 꼭 끌어안고
추운 겨울을 위해 따뜻한 시간을 저축하길 바란다.

## 엄마표 미술 놀이도 하고, 공연도 보러 가요!

겨울엔 아이들이 손꼽아 기다리는 날이 2번 있다. 첫 번째는 누가 뭐라해도 크리스마스! 또 하나는 내가 한 살 더 나이를 먹게 되는 새해! 12월엔 아이들의 마음을 소중히 여겨 주며 따뜻하고 행복한 이야기로 가득한 그림책을 매일 밤 읽어 주자. 겨울밤은 길고 기니까요. 아이들의 기다림을 더욱 특별하게 만들어 주는 미술 활동은 그림책을 읽고 읽고 또 읽어 목이 너무 아플 때 추천한다.

크리스마스까지 몇 밤 남았지?

《다섯 밤만 더 자면 크리스마스》
지미 펄런 글, 리치 디스 그림, 이정아 옮김, 우리동네책공장

먼저 지점토를 길게 뱀 모양처럼 만들어요. 그리고 달팽이 모양으로 말아도 좋고 직선으로 길게 놓아도 좋고, 아이가 원하는 모양 무엇이든 좋아요. 그리고 오늘부터 기다리는 날까지 남은 날짜를 센 뒤, 숫자만큼 손가락으로 꾸욱 지점토를 눌러 움푹 파인 홈을 만들어요. 하루에 하나씩 이 홈 위에 돌멩이나 솔방울 등을 올려놓으며 크리스마스나 새해를 기다릴 거예요. 지점토는 하루 정도 말리면 단단하게 마르니 다 마른 후에는 물감으로 색을 칠해도 좋아요. 공원이나 숲에서 솔방울, 도토리, 솔잎 등을 주워 와 주변을 겨울 숲처럼 꾸며 줘도 좋아요. 저는 한가운데 초를 놓고 돌멩이를 하나 놓을 때마다 초를 켠 뒤, 아이와 함께 소원을 빌고 촛불을 끄는 놀이를 했어요. 아이의 소원은 언제나 "산타할아버지 제가 꼭 갖고 싶은 선물 주셔야 돼요."였답니다.

작아진 옷,
동생에게 물려줄까?
내 인형에게
물려줄까?

《빨간 줄무늬 바지》
재인진욱 글·그림, 글로연

올해의 나를 '나 인형'으로 기록해요. 커다란 광목천에 아이가 누워요. 엄마는 아이의 몸을 따라 광목천에 인형 본을 그려요. 두 장의 본을 포개어 솜을 넣을 창을 남겨 두고 바느질을 해요. 솜은 아이가 직접 넣어요. 폭신하고 부드러운 촉감이 아이의 기분을 좋게 해 주어요. 솜을 다 넣었다면 솜 구멍을 바느질하고, 인형에게 작아진 아이의 옷을 입혀요. 자신의 신체를 바탕으로 한 촉감 인형 제작과 작아진 옷을 활용한 인형 꾸미기 활동은 아이의 성장을 바탕으로 한 상상 친구를 만드는 일이죠. 내 손으로 만든 내 인형은 아이들이 안전하고 행복한 상상 여행을 하는데 포근한 안내자가 되어 줄 거예요! (커다란 인형이 부담스럽다면 아이의 그림으로 작은 인형을 만들어도 좋아요.)

❋ 활동 사진 제공 : 어린이 창작 스튜디오 작가의언덕(www.blog.naver.com/grimand) | 어린이 : 박지우, 정인비

## 12월에 절대 놓칠 수 없는 단 하나의 공연을 뽑는다면 당연히 '호두까기 인형 발레 공연'

우리나라를 대표하는 발레 단체 '국립발레단'과 '유니버설발레단'은 매년 12월이면 호두까기 인형 무대를 선보인다. 두 곳 중 어느 단체의 공연을 볼지 고민이 된다면 일단 어느 곳이든 예매부터 성공하자. 연말이면 가장 빠르게 전 좌석 매진이 되는 인기 공연이기 때문이다.
참고로 국립발레단은 예술의 전당에서 공연을 하며, 클래식한 무대와 호두까기 인형 역을 남자 어린이가 맡는다는 점이 특징이다. 유니버설발레단은 세종문화회관에서 공연을 하며, 동화 같은 화려하고 아기자기한 무대가 특징이다.

아래 소개하는 《호두까기 인형》 책들을 아이들과 먼저 읽고 간다면
이야기의 장면을 떠올리며 더욱 재미있게 감상할 수 있다.

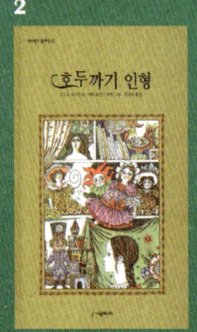
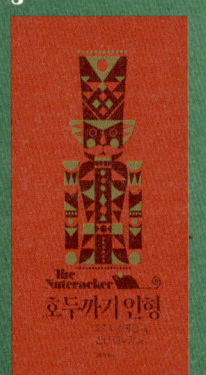
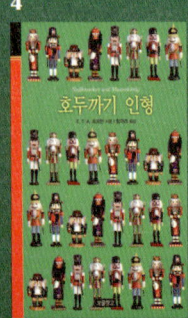
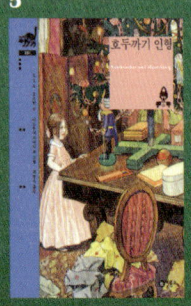

1 E.T.A. 호프만 글, 로베르토 인노첸티 그림, 최민숙 옮김, 비룡소
2 E.T.A. 호프만 글, 에바 요안나 루빈 그림, 문성원 옮김, 시공주니어
3 E.T.A. 호프만 글, 산나 아누카 그림, arte(아르테)
4 E.T.A. 호프만 글, 함미라 옮김, 보물창고
5 E.T.A. 호프만 글, 아르투시 샤이너, 베르탈 그림, 최민숙 옮김, 비룡소

# 《감정 호텔》에 이은 또 하나의 걸작!

## 우리 내면의 빛을 찾아가는 여정, 감정 서커스로 초대합니다!

우리 마음속에는 비밀에 꽁꽁 싸인
아주 특별한 공간이 하나 있어요.
그곳엔 그림자가 살고 있지요. 그림자의 모습은 하루하루 달라요.
길 때도, 짧을 때도, 점잖게 굴 때도, 제멋대로 굴 때도 있지요.

내 안의 그림자와 즐겁게 춤출 준비가 됐나요?
지금 바로 감정 서커스 문을 활짝 열어 보세요!

**감정 서커스 - 내 그림자와 마주하는 곳**
리디아 브란코비치 글·그림 | 장미란 옮김

## 24개 언어로 번역되어
## 전 세계 그림책 독자의 마음을 사로잡은 그 책!

목소리가 작은 슬픔,
시끄러운 분노,
주목받기 좋아하는 불안,
호텔이 조용해지면 찾아오는 평화까지…

오늘은 또 어떤 감정이
여러분의 감정 호텔에 머무르고 있나요?

**감정 호텔 - 내 마음이 머무는 곳**
리디아 브란코비치 글·그림 | 장미란 옮김

홈페이지 www.bearbooks.co.kr
SNS Instagram @bearbooks_publishers

# 따끈따끈! 한솔수북 겨울 신작 그림책

### 귀여운 하얀 달걀의 꿈 찾기 모험!
### 다 함께 요리조리마을로 놀러 가 볼까요?

하얀 달걀은 친구들과 설레는 마음으로 요리조리마을에 도착했어요.
장조림 체험, 오므라이스 체험, 디저트 체험 등 다양한 체험을 하며
무엇이 될까 고민했어요. 마침내 꿈을 찾은 하얀 달걀!
그런데 예상치 못한 일이 일어나고 마는데….
기발한 상상력과 재치가 돋보이는 사랑스러운 그림책!

《안녕 후라이》 글·그림 용토끼 | 값 16,000원

### 떠돌이 개와 바닷가 마을 사람들이 전하는
### 따뜻하고 정겨운 이야기

마을 사람들은 이름이 많은 개를 만나면 저마다 인사를 건넸어요.
어느 날은 얼룩이가 되었다가 번개나 저녁이가 되기도 하고,
가끔은 이놈의 개가 되기도 했지요.
우리 주변의 동물들과 어떻게 함께할 수 있을지 생각해 보고
이야기 나눌 수 있는 그림책!

《이름이 많은 개》 글 박혜선·그림 김이조 | 값 16,000원

### 행복하기 위해 집을 원했던 곰.
### 집을 갖게 된 곰은 정말 행복해졌을까?

"집이 있었으면 해. 내 집. 집이 갖고 싶었어.
내가 즐겁고 행복하게 살 집.
다른 건 미루고 미루며 일에 빠져 살았어.
정말, 내 집이 필요했거든."
우리를 행복하게 만드는 집이란 무엇일까요?

《커다란 집》 글 박혜선·그림 이수연 | 값 18,000원

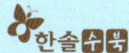

전화 02-2001-5828 팩스 0303-3440-0108

키워드로 보는 그림책 1

# 공감

Editor - 이시내

남의 주장이나 감정, 생각에 자기도 같다고 느끼는 마음을 뜻한다. MBTI를 기준으로 상대의 감정에 반응하는 태도만이 아니다. 지금 여기에 보이지 않는 상황을 상상하는 힘.
나와 전혀 다른 타인을 이해하려고 노력하는 태도. 인지를 바탕으로 인간관계, 사회성 발달, 나아가 지속 가능한 세상을 위한 행동까지 끌어내는 능력이 바로 공감이다.
서로 다른 존재를 존중하며 더불어 사는 미래를 꿈꾸는 사유는 공감에서 시작한다.

# 시대의 결핍, 지금 필요한 가치는 무엇인가.

뉴스와 각종 매체를 보면 인상이 절로 찌푸려진다. 성별을 나누어 비난하고, 세대를 구분하는 용어를 만들어 상대를 조롱하는 일이 유머로 통용된다. 혐오는 차별과 붙어 다닌다. 누군가를 차별하는 건 쉽게 혐오로 이어진다. 나와 다른 존재를 차별하는 게 당연하면 혐오 역시 정당하다. 누군가를 미워하고 차별하는 건 큰 계기가 필요 없다. 인면수심의 범죄를 저지르지 않아도 혐오의 불길은 불티 하나만으로도 타오른다. 성별, 나이, 외모, 성격, 종교와 생활 방식, 가치관 등 여러 특징 가운데 타인이 싫은 이유는 언제나 사소한 순간에 있다. 댓글 하나, 보다 완벽해지고 싶은 질투, 타자에 대한 무지로 생긴 공포, 계급을 나누려는 본능이 멋대로 타인을 재단한다. 어른들의 세상만 이럴까? 보다 문턱이 낮은 어린이의 세상은 어떨까?

언제부터인가 일부 아이들이 점점 이기적으로 변한다며 동료 교사들과 한숨 섞인 이야기를 나눴다. 자기 자리에 있는 쓰레기를 치우자면 "내가 버린 게 아닌데 왜요? 쓰레기 주인에게 치우라고 해요."라고 한다. 같이 쓴 공간이니까 함께 하는 게 당연한 일이라고 하면 왜 남이 한 걸 내가 하냐고 되묻는다. 내가 조금이라도 손해 보는 건 싫지만 배려는 받아야겠다는 마음이 만연하다. 몇 년 전, 학교 본관과 별관을 이어 주는 구름다리에 토사물이 있었다. 이를 발견한 교사가 토사물을 치우자 4학년 반 아이들이 코를 잡고 멀찌감치 떨어져서는 우리 반 아이가 토한 게 아닌데 왜 선생님이 치우냐며 호들갑을 떨었다. 먼저 발견한 사람이 치워야 뒤이어 오는 친구에게 좋지 않겠냐고 답하니 선생님은 너무 착해서 손해 보는 거 같단다. 우리가 봤으니 다른 애들도 봐야 한다는 아이들에게 어디부터 설명해야 할까? 막막해질 때도 있지만, 아이들은 아직 배우지 못했을 뿐이다. 같이 책을 읽고 이야기를 나눈 시간이 켜켜이 쌓이면 예전의 분위기는 더 이상 존재하지 않는다. 그렇다면 왜 아이들은 몰랐던 걸까?

2019년 코로나 뒤 어린이의 세계는 달라졌다. 생존과 연결된 불안은 어린이의 선택을 제한했다. 가림막을 세우고 서로 닿지 않기 위해 노력했다. 내 자리에 굴러온 다른 아이의 지우개를 주워 주는 일은 금지된 일이었다. 곁에서 이야기를 나누고, 몸을 부딪치며 놀고, 수시로 갈등을 겪고 풀어내는 기회는 자율성을 잃고 어른의 제한 아래 가능했다. 신체를 움직이며 협동과 규칙을 배우는 오프라인의 자유 놀이 시간은 차단되었지만, 온라인 세상의 규제는 존재하지 않았다. 교실이 아닌 온라인 수업을 받으며 매체에 노출된 아이들은 쉽게 주의력을 잃었다. 스스로 발견하는 탐험의 희열은 온라인 알고리즘에서만 허용되었다. 나와 다른 생각을 하는 사람들은 AI가 분석하고 선별한 필터 버블에 갇혀 만날 수도 없다. 익숙한 사람들이 반복되는 일상에서 느닷없이 겪는 생소한 경험은 공포가 되었다. 어린이에게 공포는 마주 보는 게 아니라 피해야 하는 감정이다. 어린이의 삶에서 나와 닮은 '우리'가 아닌 '타자'를 만나는 경험은 점점 사라지고 있다.

현실에서 관계 맺기를 상실한 아이들은 감정 조절 능력 또한 잃어버렸다. '입장 바꿔 생각해 봐.' 역지사지를 익히기 전 자기감정을 살피는 일은 어색하다. 친구의 어떤 행동이 나를 화나게 했는지 잠시 멈춰 마음을 가다듬는 호흡은 줄어들었다. 정말 화가 난 걸까, 부끄러움인가, 실망한 건 아닐까? 성인도 헷갈리는 내 감정을 마주하는 일은 수많은 연습으로 익숙해질 수 있다. 나를 중심으로 움직이는 세상에서 친구의 처지로 옮겨 생각하는 일은 결코 짧은 시간에 이루어지지 않는다. 우리는 역지사지를 쉽게 말하지만, 역지사지를 실천하기는 어렵다. 내 감정을 알고 타인에게 공감하는 능력은 공동체 안에 있다고 절로 자라지 않는다. 내가 겪지 못한 상황과 본 적도 없는 사람의 감정을 생각하는 힘. '상상력'이 있어야 공감의 바탕이 다져진다. 단단한 바탕 위에 꾸준한 배움이 쌓여야 타인이 두렵지 않다. 그제야 상대에 대한 무지는 공포가 아닌 새로운 삶의 가능성이 된다. 그러기에 나와 다른 이를 알아가는 과정을 친절히 알려주는 본보기 사례가 필요하다. 아무리 유명한 요리사가 만든 음식이라도 어린이가 못 먹을 정도로 매운맛이면 누구도 아이에게 권하지 않는다. 먹는 아이의 취향을 생각하고 영양과 재료, 담음새까지 고민한 요리가 있다면 누가 마다하겠는가. 그런 요리가 여기에 있다.

**어린이에게 다양한
세상의 맛으로
알려주기 위해 고심하며
차린 건강한 밥상,
그림책을 소개한다.**

박하잎이 쓰고 그린 《곰 생각 벌 생각》에선, 곰이 사는 나무에 벌 한 마리가 집을 짓는다. 꿀을 모으는 벌과 꿀을 먹는 곰이 한 나무에서 평화롭게 살 수 있을까? 둘은 그 사실을 모른 채 각자 행복의 나래를 펼친다. 결국 다른 생태 때문에 부딪치게 될 이야기를 작가는 어떻게 풀어낼까? 《곰 생각 벌 생각》은 곰과 벌을 대표하는 색으로 프레임을 구분해 둘의 다름을 쉽게 알아차리도록 만들었다. 이 둘은 끝까지 서로의 다름만 주장할까?

내 처지에서 당연한 일이 누군가에게 상처가 되거나 갈등의 원인이 된다면 나는 어디까지 양보할 수 있을까? 우리네 삶이 그림책처럼 아름다운 화해로 마무리되지 않아도 괜찮다. 나를 둘러싼 세상을 한 발 떨어져 바라볼 수 있는 기회만으로도 소중한 경험이니까. 다름의 공존을 깨닫는 첫걸음을 뗐다면 다음은 무얼까? 바로 타자를 있는 그대로 인정하는 마음이다. 하지만 타인을 존중하는 사회가 되어야 자신도 존중받는다는 진리를 모르는 시기가 있다. 자연스러운 성장 발달의 시기에 따른 어린이의 삶이 그러하다. 날마다 계획을 세우고 계획대로 성취하는 과정이 즐거운 초등학생이 있다. 그 친구 시각에서는 미래의 성취보다 현재의 즐거움에 빠져 혼날 게 분명한데도 학습 분위기를 흐리고 결국 담임에게 혼이 나는 아이들이 안타까웠다. 먼저 해야 할 일보다 하고 싶은 일을 하고, 쉬는 시간에도 큰 소리를 내며, 수업 시간에 잠깐이라도 딴짓하는 건 고쳐야만 하는 행동이었다. 처음에는 좋은 의도였을지라도 친구의 일상에 간섭하고 "왜 나처럼 지내는 게 안돼? 나처럼 하면 좋잖아."라며 조금이라도 떠들면 담임보다 먼저 아이들을 통제했다. 결국 참지 못한 아이들과 갈등이 시작되었을 때 반 아이들을 모아놓고 읽어준 그림책이 있다.

《조금 부족해도 괜찮아》를 보면 배에 큰 구멍이 난 친구, 몸이 꾸깃꾸깃하게 접힌 친구, 물렁물렁한 몸 때문에 늘어져 있는 친구, 거꾸로 뒤집힌 친구, 찌그러진 공처럼 모든 게 엉망진창인 다섯 친구가 허름한 집에서 특별한 일 없이 즐겁게 지내고 있다. 정말? 멀쩡하게 잘 지낸다는 글에 아이들은 의아하게 쳐다본다. 어느 날 완벽한 친구가 나타나 아무것도 하지 않는 다섯을 한심하게 바라보며 "너희들은 아무 쓸모가 없어! 아무것도 아니라고!"라고 비난한다. 다섯 친구는 완벽한 친구가 말한 부족한 점을 곱씹어 본다. 구멍이 있지만 화가 나면 화는 구멍으로 빠지고, 꾸깃꾸깃한 주름 사이에는 많은 추억을 간직할 수 있다. "이것 봐. 네가 부족하다고 여겨도 다르게 생각하면 장점이 될 수 있어. 부족한 게 아니야."라고 전하는 독자도 있다. 물론 그런 메시지도 좋지만, 이 그림책의 가장 아름다운 장면은 완벽한 친구의 말을 곰곰이 생각해 보니 내 모습 그대로도 괜찮다는 걸 깨닫는 장면이다. 우리 모두 그러하다. 거기에 부족한 내 모습을 그대로 인정하는 친구가 있어 삶은 더 행복하다. 나를 공격한 완벽한 친구에게 비난을 돌려줄 필요도 없다. 내가 나를 긍정하고, 타인을 있는 그대로 인정하는 삶은 그야말로 완벽하다. 굳이 타인의 기준에 맞춰 나를 부족하다고 여기며 억지로 장점으로 바꿀 필요도 없다. 더할 필요도 덜할 일도 없다. 당신은 누구와도 비교할 필요 없이 그저 당신이라는 사실만으로 충분하다.

다름을 이야기하는 그림책은 참 많다. 어린 시절부터 상대를 존중하고 나와 다른 이들의 삶도 나의 다른 모습이란 걸 깨닫기 위해서다. 오랜 시간이 걸릴지라도 혐오는 잘못이란 걸. 우리는 혐오가 아닌 '공감의 시대'를 만들 수 있다고 그림책은 단단한 희망을 말한다. 그러기에 대부분 그림책은 피부색이나 종교, 문화 등의 상대성을 알려 주며 다름의 평등을 알려 준다. 이 그림책을 만났을 때도 그런 시각인 줄 알았다. 책장을 덮고 한바탕 웃음이 나온 그림책 《닮았어!》다. 다름의 확장은 어디까지 가는 걸까?

"안녕. 나는 나고, 너는 너야. 우리는 사람이야. 우린 많은 것들과는 참 달라. 이를테면, 통조림을 볼까? 우리는 통조림하고는 완전히 달라. 우리는 생김새도 다르고, 토마토소스를 담을 수도 없어. 통조림처럼 뚜껑을 열면, 우리에겐 좋은 일이 하나도 없어. 우리는 통조림하고는 완전히 달라."

갈색 파마머리를 한 소년이 우리는 통조림보다는 수영장과 조금 더 닮지 않았냐고 묻는다. 아니? 수영장보다는 버섯이 우리랑 조금 더 닮은 것 같단다. 하이에나와 비교하면 어떨까? 그렇게 비교해 보니 사람은 다른 점도 있지만 닮은 점이 더 많은 사이다. 인종과 종교 등 여러 특징은 위계 없는 차이일 뿐이라고 말하는 그림책 가운데 사람이란 이유만으로 충분하다고 말하는 그림책이다. 다양함의 확장을 이런 눈높이로 풀어낼 수 있구나! 역시 그림책의 매력은 끝이 없다.

《조금 부족해도 괜찮아》 베아트리체 알레마냐 글·그림, 길미향 옮김, 현북스

《닮았어!》 애니 배로스 글, 레오 에스피노사 그림, 천미나 옮김, 밝은미래

2024년 11월 예산결산특별위원회 종합정책질의에 그림책이 등장했다. 대통령이 국민에게 진심으로 사과하길 바란다면서 국회의원이 소개한 《사과는 이렇게 하는 거야》는 사과하는 명쾌한 방법을 알려 준다. 변명하지 않고, 같은 실수를 안 하려는 노력은 사과의 기본이다. 자존심과 체면 때문에 타인의 마음을 무시한 사과는 상대에게 닿지 않는다. 아이들에게는 확실한 사과법을, 어른에게는 잊고 지낸 초심을 일깨운다. 갈등을 해결하는 첫걸음은 인정하기 어려운 내 잘못을 마주하는 일이다. 상처받을 용기를 내야 한다. 상처가 나야 굳건한 자아가 흔들리고 타인이 보인다. 꽃이 피려면 단단한 꽃봉오리가 벌어져야 한다. 모든 성장은 자아를 깨뜨리는 균열에서 시작하지 않는가. 타인을 위한 공감은 결국 나를 성장시키는 걸음이기도 하다.

서로의 다른 처지를 알고, 그대로의 모습을 인정하며 다양함의 확장을 두려워하지 않는 사회. 존중을 바탕으로 갈등을 해결하고 진심으로 사과하는 문화는 '우리'라는 공동체에 갇혔던 얕은 개인의 공감을 깊고 넓은 사회적 공감으로 키울 수 있다.

그림책 《카피바라가 왔어요》를 보면 닭이 사는 양계장에 사냥꾼에게 쫓기는 카피바라 무리가 찾아온다. 닮은 점은 하나도 없는 데다 우리가 지내는 안전한 공간을 내주고 위협까지 당하는 낯선 이를 받아 줘야 할까? 닭은 근처 강가에 머무는 걸 허락하지만 날 선 경계를 세우고 카피바라에게 어떤 관심과 도움도 주지 않는다. 하지만 편견이 없는 어린 이에게 경계는 의미 없다. 서로에게 호기심으로 다가갔던 어린 카피바라와의 관계 덕분에 어린 닭은 개의 위협에서 도망칠 수 있었다. 이 사건으로 시각이 바뀐 닭은 카피바라와 함께 양계장에서 탈출한다. 외부의 시선 덕에 든든하고 안전하다고 여겼던 양계장의 진실을 알았기 때문이다. 난민, 이민자, 여러 소수자를 카피바라에 대입해 다시 읽어 본다. 편견에 갇혀 타자를 공감하지 못하는 사회는 성장할 수 없다. 그 사회 속에서 개인은 평생 울타리를 넘지 못한 채 살아간다.

이처럼 서로의 다름을 발견하는 기회는 귀하다. 타자를 발견하는 기쁨을 수집하는 사람은 타인을 이해할 수 있는 여유를 가진 사람으로 자란다. 안락한 자기 자리에 서서 타인을 동정하는 마음을 공감이라 오해하지 말자. 기꺼이 타자의 위치에 서서 같이 목소리를 내는 단단한 마음을 키우는 힘이 공감이다. 혼자 가는 길이 불편해도 여럿이 함께 가는 여정이 더 멀리 즐겁게 갈 수 있다. 혐오가 가득한 시대라는 말은 달리하면, 변화의 시작이지 않을까. 결핍은 요구를 만든다. 이 시대를 살아갈 우리 곁에는 어떤 가치가 요구되는가. 중국의 문학가 루쉰의 말을 빌려 이 글을 마친다.

"희망이란 있다고도 할 수 없고 없다고도 할 수 없다.
그것은 마치 땅 위의 길과 같은 것이다.
본래 땅 위에는 길이 없었다.
걸어가는 사람이 많아지면 그것이 곧 길이 되는 것이다."

《사과는 이렇게 하는 거야》 데이비드 라로셀 글, 마이크 우누트카 그림, 이다랑 옮김, 블루밍제이

《카피바라가 왔어요》 알프레도 소데르기트 글·그림, 문주선 옮김, 미디어창비

키워드로 보는 그림책 2

Editor - 오현수, 표유진

# 다인종 다문화 사회

'다인종 다문화 사회'는 많은 인종이 제각각 누리는 다양한 문화가 공존하는 사회를 이르는 말이다. 단일 민족 국가 개념에 익숙해져 있던 한국 사회에서 '다문화 가정'은 좁은 의미로 국제결혼을 한 부부와 자녀로 이루어진 가정을 지칭할 때 주로 사용되었으나, 최근에는 귀화한 외국인, 외국인 가정의 국내 출생 자녀 등 진짜 '다양한 문화의 가정'을 나타내는 말이 되었다. 급증하는 다양한 외국인 이주민과 다문화 가족의 다양한 가족 형태 등을 반영한 '이주 배경 가정'이라고 부르자는 논의도 이루어지고 있다.

# 다인종 다문화 사회로 변화하는 대한민국, 우리 아이들은 그림책 속 어디에 있을까?

2024년 한 해 동안 인구 증가 관련 뉴스가 상당수 보도되었다. 우리나라는 지속적인 출산율 저하로 인구 감소를 걱정해왔다. 급기야 2024년에는 합계출산율(가임기 여성이 평생 낳을 수 있는 자녀 수를 가리키는 수치)이 세계 최저 수준인 0.76명으로 초고령화 현상과 맞물려 대한민국 자연 소멸을 걱정할 정도다. 그런데 인구 증가라니? 이건 대체 무슨 말일까?

결론부터 말하자면 2024년 우리나라 총인구 5,122만여 명(11월 기준) 중 외국인 주민(국내 3개월 이상 장기거주자) 수는 269만여 명으로 역대 최고 비율 5.25%를 기록했다. 최근 몇 년 사이 그 수가 꾸준히 증가하는 추세다. 통상적으로 외국인 주민의 비율이 전체 인구의 5%가 넘어가면 그 나라를 '다인종 다문화 국가'라고 한다.
굳이 통계자료나 미디어를 통하지 않더라도 주변에서 외국인을 만나거나 외국 문화를 경험하는 일은 서울 명동이나 이태원 같은 주요 거리가 아니더라도 자연스럽고 흔한 일이다. 제주도나 경주, 강원도 같은 관광지나 식당에서 외국인 직원을 만나는 일은 이미 익숙한 일이 되었다. 거리엔 양꼬치, 마라탕, 베트남 쌀국수에 러시아 요리까지 다양한 국가의 식문화를 반영한 식당이나 식자재 마트도 흔하게 보인다.
개인적으로 기자의 일상에서도 다인종, 다문화 사회의 경험이 잦아졌다. 대학생인 딸은 돼지고기, 생선을 먹지 못하는 외국인 동기와 식사 메뉴 선정에 고심하곤 했다. 초등 교사인 언니는 학교에서 학부모 가정 안내문을 발송할 때 번역기를 사용해 다양한 언어로 번역해 보낸다고 한다. 아이의 친구가, 옆집 이웃이, 직장 동료가 다양한 문화권의 외국인이라는 사실이 특별하거나 신기한 일이 아닌 자연스러운 일상의 풍경이 된 것이다.

이쯤 되면 자연스럽게 궁금해진다. 그림책은 한 시대의 기록물이 된다. 사람들의 삶을 그리다 보면 자연스럽게 사회의 모습이 반영될 수밖에 없기에 우리나라 작가들이 쓰고 그린 우리 그림책은 대한민국의 시대성과 특수성을 가장 잘 담고 있다. 그렇다면 현재 우리 그림책은 다인종, 다문화 사회로 변화한 대한민국을 어떻게 그리고 있을까?

# 그림책에 담긴 대한민국 다문화 사회 20년사

1990년 후반 대한민국에 동남아시아 노동자들의 유입이 시작되었다. 2000년대 초반에는 농어촌 지역 남성과 외국 여성의 국제결혼이 크게 증가했다가, 2010년 이후 점차 감소했다. 2010년대 이후로 단순 노동자뿐만 아니라, 유학생, 예술가 등 이주민들의 이주 배경, 출신 국가, 사용 언어가 다양해지며 국내 외국인 주민을 둘러싼 급속한 사회 변화가 일어났다. 2020년대 이후에는 저출생, 인구 고령화 문제, 노동력 부족 등 대한민국 사회 문제의 해법으로 외국 이주민을 받아들이자는 목소리가 커지고 있다. 자연스럽게 이주 노동자의 노동 현실과 법적 지위 등에 대한 사회적 관심도 조금씩 커지기 시작했다. 이러한 사회 변화와 외국인 주민의 삶을 담은 그림책을 살펴보자.

### 2000년대

《이모의 결혼식》
선현경 글·그림, 비룡소

2000년대 한국 그림책에서 다문화 사회에 대한 그림책은 2004년에 출간된 선현경 글·그림의 《이모의 결혼식》 정도가 눈에 띈다. 파란 눈의 외국인과 결혼하는 이모의 결혼식에 참석하기 위해 그리스로 여행을 떠나는 아이의 이야기를 들려준다. 다문화 가정의 이야기보다는 그리스의 풍경과 색다른 결혼식 문화 체험 소개에 더 중점을 두고 있다.

### 2010년대

《찬다 삼촌》
윤재인 글, 오승민 그림, 느림보

윤재인 글, 오승민 그림의 《찬다 삼촌》은 2010년대 초반 급증했던 동남아시아 미등록 노동자의 삶을 다루었다. 외진 컨테이너 박스에서 살며 작은 솥 공장에서 성실히 일하지만 내일을 알 수 없는 찬다 아저씨를 통해 저숙련 이주 노동자가 한국에서 주로 일하는 영세 사업장의 열악한 환경, 미등록 이주 노동자의 불안정한 법적 지위를 보여 준다.

### 2020년대

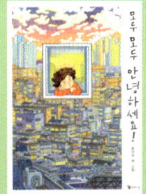

《모두 모두 안녕하세요!》
홍선주 글·그림, 꼬마이실

2021년 출간된 홍선주 글·그림의 《모두 모두 안녕하세요!》는 중소도시로 이사 온 진하가 동네 구경을 하며 이웃들의 사연을 들려주는 이야기다. 상가 주택, 빌라, 가게, 아파트 등 이웃집의 여러 겉모양새만큼이나 직업, 가족 구성 형태에 따라 다양한 집안 풍경과 삶의 모습이 드러난다. 일본인 할머니가 계신 다문화 가정에서 일본 고유의 추모 제단을 방 한쪽에 꾸며 놓은 모습과 엄마의 나라 한국을 찾아오거나 케이팝이 좋아 유학 온 외국인이 영어 학원 선생님이 되어 또 다른 외국인 친구들과 어울리며 사는 모습도 만날 수 있다. 자연스럽게 외국인 주민과 이웃으로 어울려 사는 지금 현재의 모습을 담고 있다.

2023년

《달달달 달려요》
김도아 글·그림, 웅진주니어

2024년

《타오 씨 이야기》
장재은 글·그림, 사계절

2023년에 출간된 김도아 글·그림의 《달달달 달려요》는 풍성한 수확의 계절, 충청도 농촌 마을 어르신들의 즐거운 나들이 풍경을 담고 있다. 목적지는 젊은 이주 노동자 부부의 집, 귀한 새 생명의 탄생을 축하하며 마을 사람들이 차린 소박한 잔치가 벌어진다. 고령화로 지역 소멸을 걱정하는 농어촌 지역에서 일손이 부족해진 주민들이 외국인 이주 노동자의 정착을 환영하는 현실 분위기를 담아낸 그림책이다.

2024년에는 장재은 글·그림의 《타오 씨 이야기》가 출간되었다. 베트남 여성 이주 노동자 타오 씨가 공단 도시의 공장에서 일하며 딸을 키우는 이야기를 담고 있다. 한국에서 25년이 넘게 장기 이주 노동자로 일해온 타오 씨는 소규모 사업장에서 각종 산업재해의 위험에 시달리고, 잦은 잔업에도 한국인보다 낮은 임금을 받는 차별과 인권 침해에 노출되어 있다. 여전히 베트남 음식을 그리워하고, 한국말이 능숙하지 않은 엄마 타오 씨와 다르게, 한국에서 태어나 초등학생인 딸은 한국어도 능숙하고 베트남 음식도 한국 음식도 다 잘 먹는다. 아이가 잘 자라는 모습이 타오 씨에게 기쁨이지만 두 사람의 미래는 알 수 없다. 아이는 고등학교 졸업할 때까지 체류 비자를 받았지만 타오 씨도, 딸아이도 체류 비자를 연장받지 못하면 언제든지 강제 출국당할 수 있기 때문이다.

이야기의 배경은 소규모 공장이 밀집된 공단 도시이다. 다양한 국가의 이주 노동자가 사는 이 지역엔 생활 안내판이나 상가의 간판이 다양한 언어로 표기가 되어있다. 지역 시장엔 아시안 마트도 여러 곳 있다. 대한민국 곳곳에 자리한 공단 도시의 현실 풍경과 장기 이주 노동자의 삶을 다큐멘터리 영화처럼 보여 준다.

이처럼 2000년대부터 최근까지 대한민국의 사회 변화를 담아낸 그림책을 살펴보았지만 아쉽게도 출간 작품 수 자체가 매우 적다. 또한 대부분이 어른들의 삶 이야기에 치중된 내용이었다. 아이들의 시선에서 또래 아이들의 삶 이야기를 보여 주는 그림책을 찾기 어려웠던 건 매우 아쉬운 부분이다.

《달달달 달려요》

《타오 씨 이야기》

## 다문화? 이주 배경 아동?
## 하나로 뭉뚱그릴 수 없는 학교 현장의 아이들

그렇다면 그림책에서 찾아보기 힘든 대한민국의 수많은 다문화 가정의 아이들, 다양한 이주 배경 아이들은 각각 어떤 이야기들 간직하고 있을까?

2024년 기준, 이주 배경 학생 수는 18만 명(2011년 대비 3배 증가), 전체 학생의 약 3.5%를 차지하며 매년 증가세를 보이고 있다. 이주 배경 학생 수는 수도권 지역에 대부분 몰려 있지만 농촌 지역을 비롯한 지방에서도 그 수가 점점 늘고 있다. 소규모 제조업과 공장이 밀집된 서울과 공단 도시의 일부 초등학교에서는 이주 배경 학생이 전체 학생의 70% 이상을 차지하고 90%를 넘는 학교도 있다.

교실을 조금만 더 가까이 들여다보면 아이들 개개인의 상황이 매우 다양하다. 이주 배경 학생이지만 한국에서 태어나고 자라 한국어만 구사하는 아이들이 있다. 이 경우엔 부모님이 한국으로 이주를 한 후 아이가 태어난 경우가 대다수다. 부모가 먼저 정착하고 아이는 나중에 입국해 한국어가 서툴거나 한국어를 아예 못하는 아이들도 있다. 베트남, 중국, 태국, 구소련 지역 국가 등 다양한 국가와 문화, 언어를 쓰는 학생들이 한 학급에 모여 있는 경우도 있다. 학부모의 한국어가 서툰 경우도 많아 교사와 가정 사이의 의사소통이 어려운 경우도 많다.

이렇듯 급변하는 학교 현장의 모습을 반영해 한국인 모습 위주의 삽화가 주였던 교과서는 다양한 인종과 국가, 문화의 모습이 담긴 삽화로 바뀌었다. 어린이의 다문화 관련 내용이 대폭 추가되어 한국 학생은 다양한 문화를 배우며 다름과 차이를 존중하고, 이주 배경 학생은 '한국은 나의 또 다른 소중한 나라'라는 정체성을 키우고 있다. 그럼 초등 교사의 실제 사례를 통해 대한민국 초등학교 교실 속 다문화 교육을 엿보자.

# 대한민국의 다문화 이야기

안녕하세요? 저는 제주에서 초등 교사로 재직 중인 김다혜입니다. 며칠 전 학교에서 다급한 메신저를 받았습니다. 중국어가 가능한 교사가 있는지 묻는 연락이었습니다. 학생이 등교하지 않아 보호자와 연락을 주고 받아야 하는데 보호자와는 중국어로만 소통이 가능했기 때문이었어요. 제가 근무 중인 지역에서 이런 일은 매우 자연스런 일입니다. 외국에서 이곳으로 이주한 가정의 아이들이 많이 있어, 가정통신문에 QR코드를 넣어 다국어 번역 서비스를 제공하기도 해요. 저희 학교에서는 의사소통에 어려움을 겪는 다문화 학생들의 한국어 교육 지원을 위해 한국어 학급도 신설될 예정이고요.

문화적 배경이 다양한 학생을 마주하는 일은 아이들에게도 교사들에게도 자연스러운 일입니다. 때문에 국가에서도 매년 일정 시간 이상 다문화 교육을 실시하도록 규정하고 있습니다. 저는 4학년 아이들을 가르치고 있는데, 이 아이들은 입학하는 순간부터 지금까지 매년 수십 차시에 걸쳐 다문화 수업을 받고 있어요. 다른 문화를 존중해야 한다는 걸 너무나 잘 알고 있는 아이들에게 새로울 것 없는 이야기를 새롭게 전달하고자 교사로서 저는 많은 고민을 했고, 지금도 하고 있답니다.

그럼 지금부터는 저의 고민이 듬뿍 담긴 교실 이야기를 들려드릴게요. 다문화 교육을 위해 제가 고심해 고른 교육 매체는 '그림책'이었습니다. 평소 아이들과 책 읽는 시간을 사랑하는 교사이기도 했지만 문학에는 그 나라의 정수가 담겨 있다는 믿음이 있었기 때문이었어요.

먼저 대륙별로 한 국가를 선정해 그 나라의 문화가 잘 반영된 그림책을 함께 읽으며 나누겠다는 큰 틀을 세우고 '책을 타고 떠나는 세계 여행'이라는 그럴듯한 이름까지 붙였습니다. 다양한 문화를 편견 없이 다채롭게 경험하며 서로를 존중하는 문화를 자연스럽게 만들고 싶었거든요. 그러나 세계 여행 프로젝트는 이륙도 전에 여러 차례 고비를 맞았어요. 일단 특정 국가의 문화를 잘 반영하고 있는 책이나 다문화 사회에서 우리가 나누어야 할 이야기를 담은 그림책이 생각보다 많지 않았기 때문입니다. 또 우리나라에 번역된 그림책 대부분이 미국과 유럽 일부 국가에 편중되어 있다는 것도 걸림돌이었죠.

이런 어려움을 극복하며 시작한 첫 여행지는 《비 너머》라는 그림책과 함께 떠난 남아메리카의 브라질이었습니다. 《비 너머》는 카를로스, 안토니우를 비롯한 네 명의 친구가 매일 내리는 지긋지긋한 비를 극복해 보고자 나름의 아이디어를 담은 발명품과 건축물을 디자인하는 이야기예요. 처음엔 다소 허무맹랑해 보이는 아이들의 아이디어가 아이들의 성장과 더불어 점차 발전하고, 안토니우를 세계적인 과학자로 만드는 계기가 되어요. 반 아이들과 이 책을 읽고 현재 브라질에서 아마존이 해마다 상당 부분 벌목되고 있는 상황과 기후 위기로 전 세계에 집중 호우와 가뭄이 반복되며 고통 받고 있는 상황을 신문 기사로 찾아봤습니다. 그리고 우리나라를 비롯한 여러 선진국들이 이미 진행한 개발 사례를 보며 우리가 과연 브라질을 비롯한 개발 도상국들에게 개발을 멈추라고 할 수 있는지 토론을 했어요. 거기에 자신만의 친환경 건축물, 또는 발명품을 디자인하는 활동까지 더했어요. 우리 반에서 책 속 안토니우 같은 과학자가 탄생하길 기원하면서 말이죠.

**제주 월랑초 김다혜 교사**
오른쪽 창문으로 한라산이 보이고, 왼쪽 창문으로 바다가 보이는 교실에서 아이들과 만납니다. 함께 책을 읽으며 빠른 길보다 바른 길을 걷는 아이들로 자라도록 돕고 있습니다.

# 교실 속 그림책

아프리카 대륙의 가나를 여행하며 읽은 책은 제럴드 맥더멋 작가의 《거미 아난시》입니다. 아프리카 대륙을 배경으로 쓴 책은 정말이지 찾기가 힘들었습니다. 그런데 자료 조사를 하며 이 또한 문화적 차이 때문이라는 걸 알게 되었어요. 아프리카는 무문자 사회로 구술 문학이 발달해 왔고 '그리오'라는 계층을 통해 이야기가 전승되었기 때문입니다.

《거미 아난시》는 다양한 나라의 신화에 매료된 미국의 제럴드 맥더멋 작가가 현재 아프리카 가나의 바탕이 된 아샨티 제국의 옛이야기를 들은 뒤 쓰고 그린 그림책이에요. 죽을 위기에서 여섯 아들 덕분에 목숨을 구한 아난시가 우연히 구슬을 발견하고, 그것을 어느 아들에게 줄지 고민하는 내용이죠. 이야기 속 주인공인 아난시는 많은 시리즈를 보유하고 있을 만큼 매력적인 주인공입니다.

아이들과는 책을 읽고 아프리카의 구술 문화와 '그리오'라는 계층의 역할에 대해 살펴보았어요. 그리고 내가 아난시라면 누구에게 구슬을 줄지 고민해 보았습니다. 또한 작품 전반에 반영된 아프리카의 전통 문양과 함께 '켄테'라는 전통 천에 담긴 문양과 뜻을 탐색하고 직접 나만의 무늬를 표현해 보는 시간도 가졌어요.

러시아 여행을 하며 읽은 책은 니콜라이 포포프의 《왜?》입니다. 글 없는 그림책인 이 책은 사소한 다툼이 어떻게 전쟁에 이르게 되는지를 보여 줍니다. 전쟁이 일어나 폐허가 된 장면 뒤에는 작가가 어린 시절 겪은 전쟁의 참상에 대한 이야기도 담겨 있어요. 아이들은 고작 꽃 한 송이로 싸우는 개구리와 쥐의 모습에 웃으며 책을 읽다가 점차 전쟁의 모습을 띄는 장면에서 웃음을 잃어 갔어요. 애초에 쥐가 개구리로부터 빼앗은 꽃이 사실 주변에 지천으로 널려 있는 꽃이라는 사실을 깨닫고는 전쟁이 얼마나 무용한 일인지 탄식을 했고요. 책을 읽고 나서 아이들에게 지금도 여전히 전쟁의 고통에 시달리는 사람들이 있다는 사실을 알려 주었습니다. 또 이들을 위해 우리가 할 수 있는 일이 무엇일지 함께 고민해 보았습니다. 교실에서부터 평화를 실천할 수 있는 말과 행동들을 함께 적어 보면서요.

지금도 여전히 저희 반은 세계 여행 중입니다. 담임의 책 찾기 미션이 때때로 난기류를 맞아 종종 지연과 연착이 반복되고 있지만 끝내 결항되지 않고 운행될 예정이에요. 부디 아이들과 책을 타고 떠나는 여행이 끝나고 제자리로 돌아왔을 때는 아이들 마음속에 '다양한 문화에 대한 존중'이라는 씨앗이 어여쁜 싹을 틔우길 바라봅니다. 아이들과 저의 무사귀환을 함께 응원해 주세요!

♣ 김다혜 선생님이 아이들과 함께 본 그림책

1

2

3

1 《비 너머》 페르난도 빌렐라 글, 페르난도 빌렐라 그림, 미셸 고르스키 오진영 옮김, 스푼북
2 《거미 아난시》 제럴드 맥더멋 글·그림, 윤인웅 옮김, 열린어린이
3 《왜?》 니콜라이 포포프 그림, 현암사

## 모든 어린이는 각자 자신만의 이야기를
## 가질 권리가 있다!

제주 월랑초 김다혜 선생님의 사례에서 알 수 있듯 그림책은 세계 여러 나라의 다양한 문화를 편견 없이 받아들일 수 있는 마중물로 쓰이는 경우가 많다. 세계 여러 나라의 문화와 풍습을 엿볼 수 있는 창작 그림책 외에도 반편견 교육, 다양성 이해 중심의 포괄적이고 개괄적인 세계 시민 교육 내용을 담아낸 논픽션 그림책도 많이 활용된다. 초등 중학년 이상을 대상으로 하는 아동 문학 도서의 경우 대한민국의 교실, 가정을 배경으로 다문화 가정, 이주 배경 아동의 다양한 상황과 성장기가 담긴 현실적인 이야기가 계속 출간되는 추세다. 하지만 유아와 초등 저학년 대상의 그림책에서는 대한민국 아이들의 모습과 현실을 반영한 책이 절대적인 양에서 빈곤하고 세계 시민의 소양을 갖추기 위한 원론적이고 교육적 내용에만 편중되어 있음이 아쉬운 부분이다.

그렇다면 다인종, 다문화 사회의 대표적 나라, 미국의 경우엔 어떠할까? 다양한 문화 정체성을 가진 아이들이 중심에 선 그림책들을 쉽게 찾아볼 수 있을까?
이민자의 나라로 시작해 다인종, 다문화의 정체성이 사회 전반에 뿌리 깊게 자리한 미국에서조차 초창기 아동 문학에서는 백인들의 이야기가 대부분이었다. 1970년 아프리카계 작가의 작품을 대상으로 하는 코레타 스콧킹 문학상 제정을 시작으로 미국도서관협회(ALA)에서는 작가들의 이주 배경을 반영한 다양한 문학상들을 순차적으로 만들어 작가들의 창작 활동을 격려했다. 2000년대 이후 라틴계 이민자가 급증하면서 전국 도서관은 '흑인', '라틴계', '아시안', '원주민' 등 도서 카테고리를 더욱 세분화하여 도서 정보를 제공했다. 여기에 '우리에겐 다양한 책이 필요해'(#WeNeedDiverseBooks)라는 슬로건 아래 다양한 인종과 문화적 배경을 가진 작가와 이야기를 많이 출판하려는 출판계의 노력이 함께 더해졌다.
미국 아동 문학계는 오랜 차별과 배제를 반성하고 다양한 문화 배경의 어린이를 존중함으로써 다양성의 가치를 더욱 굳건하게 다지기 시작했다. 이러한 사회적 요구에 발맞춰 뉴베리 상과 칼데콧 상 등 주요 상에서도 다양한 인종과 문화적 배경을 반영한 작품들이 두각을 나타내기 시작했다.

칼데콧 수상작 중 안드레아 왕 글, 제이슨 친 그림의 《물냉이》와 바오 파이 글, 티 부이 그림의 《또 다른 연못》은 아시아계 이민 2세대가 1세대 부모님의 모국 문화를 이해하고 자신의 뿌리에 대해 자긍심을 느끼는 과정을 보여 준다. 또 다른 수상작 후아나 마르티네즈-닐이 쓰고 그린 《나의 이야기, 알마》는 '알마 소피아 에스페란자 호세 푸라 칸델라'라는 긴 이름을 가진 라틴계 아이가 부모님께 이름의 원래 주인인 가족들의 인생 이야기를 듣는 내용이다. 이름 안에 담긴 가족의 뿌리와 정신 유산을 깨달은 알마는 자신의 이름을 자랑스럽게 받아들이게 된다.

《나의 이야기, 알마》 후아나 마르티네즈-닐 글·그림, 김경미 옮김, 다산기획

"저는 미국에서 태어나 자랐지만, 초등학교 3학년에서 중학교 1학년까지 한국에서 자랐습니다. 저의 정서발달 시기가 한국에서 지낸 5년의 시기와 맞물려 저를 한국인이라고 확실하게 인지하게 되었습니다. 하지만 다시 미국에서 살게 되면서 저의 길을 찾을 때까지 겪은 문화적 혼란 속에 슬픔과 외로움을 느꼈습니다. 알고 보니 저와 비슷한 경험을 한 아이들이 많았고 이 아이들을 '제3문화 아이들'★이라고 부른다고 합니다."

2024년 《용을 찾아서》로 미국계 한국인 최초로 칼데콧 상 명예상을 수상한 차호윤 작가가 2024년 한국을 방문하여 북토크에서 전한 이야기이다. 차호윤 작가는 독서를 통해 길을 찾고 글과 그림으로 자신을 표현할 언어를 발견했다고 한다.
독자가 자신을 이해하고 타인을 수용하는 과정에서 책의 힘과 중요성을 말해주는 "Mirrors, Windows, and Sliding Glass Doors"라는 표현이 있다. 어린이 독자는 자신의 모습을 거울처럼 반영한 캐릭터와 이야기를 통해 자기이해와 자긍심을 키우고, 창문처럼 다른 문화 배경을 가진 인물들의 삶을 보여주는 책을 통해 타인을 수용하는 더 넓은 시각과 공감을 키운다.

★ '제3문화 아이들'(Third Culture Kids, TCK): 성장기의 상당 시기를 부모의 문화가 아닌 다른 문화권에서 보낸 사람들을 지칭한다. 자신이 경험한 부모의 문화(제1문화)와 거주국의 문화(제2문화)를 융합한 제3의 문화를 형성하게 된다.

2025년 대한민국 곳곳에는 다양한 문화적 배경을 가진 아이들이 함께 자라고 있다. 현재 '다문화 가정' 아동은 한국인과 외국인의 국제 결혼 가정을 포함할 뿐만 아니라 귀화한 외국인, 외국인 가정의 국내 출생 자녀 등 진짜 '다양한 문화를 가진 가정'의 아이들을 나타내는 말이 되었다. 그런데 한국 사회에 아직 남아 있는 단일 민족 의식이 편견과 차별로 이어져 다문화 가정 아이들이 정체성 혼란이나 소외감을 느끼기도 한다.

문학은 어린이를 가르치지 않고 이야기 세상으로 초대해 스스로 생각하며 자신만의 관점을 형성할 수 있게 한다. 자신과 비슷한 상황의 이야기가 더욱 구체적으로 그려질수록, 비슷한 주인공이 많아질수록, 세상을 향한 창은 더 크게 열리고 나와 다른 존재를 이해하고 한 인간으로서 서로 존중하는 경험도 풍성하게 누릴 수 있다. 아이들이 문학과 친해져야 하는 이유이다. 또 문학이 여러 아이들의 이야기를 골고루 비춰야 하는 이유이다. 앞으로 우리 그림책에서 지금 대한민국에서 자라고 있는 여러 아이들의 이야기를 골고루 만날 수 있기를 기대해 본다.

### ♣ 다인종 다문화 사회 이해를 돕는 그림책 추천 ♣

두 책은 명절과 축제, 어린이의 하루라는 흥미로운 주제를 통해 세계 각국 사람들의 삶과 문화를 보여 주고, 지구촌 다양성에 대한 이해와 문화를 존중하는 자세를 가르쳐 준다. 낯선 문화의 이주 배경 아이들과 소통의 물꼬를 트는 계기로 활용해 보자. 서로 비슷한 듯 보이면서도 다른 세계 여러 나라의 문화와 생활 방식을 함께 배우고 이해할 수 있다.

《특별하고 흥미로운 세계의 명절과 축제》 캐런 브라운 글, 베키 손스 그림, 고영이 옮김, 사파리
《일곱 나라 일곱 어린이의 하루》 맷 라모스 글·그림, 김경연 옮김, 풀빛

각자 스스로 자기 자신을 존중하고 사랑하는 것부터 시작해, 우리는 서로 닮았지만 조금씩 다르고 이 다름이 특별함을 만든다는 걸 보여 준다. 있는 그대로 존중하고 아껴 주면 된다는 다양성과 포용성의 가치를 전한다.

《사랑 사랑 사랑하는 이유》 므언 티 반 글, 제시카 러브 그림, 신형건 옮김, 보물창고

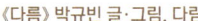

똑같은 행동이라도 각 나라의 문화에 따라 다르게 받아들여짐을 이야기한다. 틀린 것이 아니라 다르다는 것을 보여 주며 문화적 편견을 깬다. 문화 다양성을 놀이하듯 쉽고도 재미나게 이해해 보자.

《다름》 박규빈 글·그림, 다림

도서관과 출판계, 사회가 힘을 합쳐 노력해 만들어 낸 아동 문학 도서의 다양성이 어떤 마법을 일으키는지 그림책 작가의 자전적 이야기로 보여 준다. 멕시코 이민자였던 작가는 아이와 함께 찾은 미국의 도서관에서 수많은 그림책을 통해 새로운 언어와 문화를 배우며 미국 사회에 단단히 뿌리를 내리게 되었다. 작가는 그림책에 꿈과 희망을 담아 또 다른 어린이에게 전한다.

《꿈을 찾는 도서관》 유이 모랄레스 글·그림, 김경미 옮김, 비룡소

작가는 자신의 경험을 담아 이중 문화, 다문화 가정에서 자신의 정체성을 고민하는 아이들을 응원한다. 하나의 문화를 선택하는 것이 아닌 다양성을 바탕으로 자신 안에 숨겨진 힘을 발견하도록 축복한다.

《용을 찾아서》 줄리 렁 글, 차호윤 그림, 장미란 옮김, 열린어린이

# "피부색은 안 보이고 우정만 보여요!"

반짝반짝 빛나는 아이 티나와
티나를 좋아하는 진규의
사랑스러운 일상 이야기,
《티나의 종이집》 김개미 시인을 만나다.

**《티나의 종이집》**
김개미 글, 민승지 그림, 천개의바람

**김개미** | 《어이없는 놈》으로 제1회 문학동네동시문학상 대상을 받았다. 동시집 《선생님도 졸지 모른다》 《커다란 빵 생각》 《티나의 종이집》 《쉬는 시간에 똥 싸기 싫어》, 시집 《작은 신》 《자면서도 다 듣는 애인 아》 《악마는 어디서 게으름을 피우는가》, 그림책 《많은 사람들이 바다로 가》 등 다수의 저서가 있다.

김개미 시인이 살고 있는 동두천시에는 시집 전문 서점 '상상심서'가 있다. 시인을 인터뷰하기에 딱 좋은 이곳에서 김개미 시인을 만났다.

 **문화적 배경, 피부색은 중요하지 않아요.**

김개미 동시, 민승지 그림의 《티나의 종이집》은 동시집이다. 그런데 책을 읽고 나면 매우 재미있는 그림책 한 권을 뚝딱 읽은 것 같은 기분이 든다. 티나와 진규라는 두 아이가 친구가 되어 알콩달콩 건강하게 한 해를 보내는 모습이 워낙 생생하게 그려지기 때문이다. 아이들이 생활하는 교실, 진규가 티나를 생각하는 방 안, 함께 꽃을 바라보는 거리, 동시 속 공간들이 모두 그림처럼 펼쳐진다. 첫사랑에 빠진 귀여운 진규와 밝은 에너지의 엉뚱한 소녀 티나는 우리 동네 놀이터에 가면 금방이라도 찾을 수 있을 것 같다. 특히 티나를 찾는 건 매우 쉬울 것 같은데, '하하하' 웃으며 치타처럼 빠르게 뛰어다니는 아이를 찾으면 되기 때문이다. 거기에 짙은 피부색과 강한 곱슬머리는 티나를 찾는데 결정적 힌트가 된다.

다양한 문화 배경을 가진 아이들이 한 교실에서 함께 자라는 모습을 우리 그림책에서 언젠가 만나게 된다면, 꼭 '티나' 같은 아이가 주인공이었으면 좋겠다고 생각했다. '다인종 다문화' 키워드의 그림책들을 조사하며 《티나의 종이집》을 쓴 김개미 작가를 꼭 만나고 싶었던 이유다. 아이의 부모가 어느 나라에서 왔는지, 어떤 문화적 배경을 가졌는지, 피부색은 어떤지, 이런 상황들은 중요하지 않았으면 좋겠다. 그저 '건강한 몸과 마음을 가진 어린이' 그 자체로 그림책 속에서 반짝반짝 빛나는 제2, 제3의 티나를 그림책에서 만나고 싶다. 어서 빨리 김개미 시인을 만나야겠다. 어떻게 티나처럼 멋진 어린이를 창작할 수 있었는지 그 비결을 물어야겠다.

쓸 수 있겠다.' 그런 생각이 들었어요. 또 '동시를 쓰는 사람이 따로 있는 건 아니잖아.' 이런 생각도 들고요. 처음에는 거기까지만 생각하고 동네 아이들 몇 명을 모아서 집에서 동시를 가르쳐 봤어요. 아이들에게 시를 짓게 하고 돌려 가면서 읽게 하고 이렇게 먼저 가르쳐 본 거죠. 참 이상한 방법이긴 한데. (웃음)

**표** 그럼 아이들이 영감을 많이 주었을 거 같아요.

**김** 처음 시작할 때 촉발이 된 건 맞아요. 그런 활동을 몇 달 동안 한 뒤, 그 다음부터는 제가 본격적으로 지어 봤어요. 동시를 막상 써 보니까 저한테 어린아이 같은 면이 많이 있다는 거를 발견하게 되었어요. 20대 때 교회에서 연극을 했던 적이 있어요. 제 목소리가 저음이다 보니까 남자 역할을 맡게 되었죠. 그런데 이상하게 잘 안 되는 거예요. 그래서 아이 역을 맡은 친구와 역할을 바꿔 보았어요. 과찬이 아니라 제가 진짜 아이처럼 너무 잘하는 거예요. 그때 저한테 아이의 목소리가 있다는 걸 알았죠. 한동안 이를 잊고 살다가 동시를 쓰면서 그 기억이 되살아난 거예요. 제가 아이의 목소리로 동시를 쓰더라고요. 저를 구성하고 있는 것에는 아이도 있고, 어른도 있고, 여러 가지 요소가 있다고 생각하는데 그중 아이 요소가 저한테는 좀 크지 않나 싶어요.

**표** 보통은 작가가 어린이를 묘사할 때, 내가 거쳐 왔던 어린 시절이나 그 당시에 가졌던 동심을 꺼내 쓴다고 생각을 하는데, 작가님은 지금의 나에게 아이 같은 부분이 있다고 생각하시는군요.

**김** 네, 저는 지금 생각해도 어렸을 때의 저와 지금 제 안에 갖고 있는 아이가 너무 달라요. 다른 아이예요. 그때 그 아이는 조금은 침울하고, 골똘하고 그런 아이였어요. 하지만 지금의 아이는 훨씬 더 천진난만하고 개구진 면이 많아요. 많이 변해 있어요. 굳이 비교를 하자면 지금 아이가 글쓰기에는 훨씬 더 좋은 것 같기도 해요.

저는 글을 쓸 때 그게 아이들이 읽는 것이든 어른들이 읽는 것이든 무엇이든 제가 완전히 다 알지 못하는 것에 대해서는 손을 안 대요. 아주 구체적이고 그 모든 것을 내가 다 장악할 수 있을 때만 글을 쓰죠. 막연하게 주인공을 설정하지 않아요. 저와 그 아이가 아주 가까이서 거의 포개진 상태로, 자기화가 된 다음에 글을 쓰죠. 최대한 몰입해서요.

**아이의 목소리로 동시를 써요.**

**표유진 편집장(이하 표)** 안녕하세요? 꼭 한 번 만나 뵙고 싶었습니다. 〈라키비움J〉 독자들에게 인사 부탁드려요.

**김개미 시인(이하 김)** 안녕하세요. 저는 김개미고요. 주로 시를 쓰고 그림책도 엄청 쓰고 싶어 하는 시인입니다.

**표** 처음에 시로 등단을 하셨는데, 동시를 쓰게 된 계기가 궁금합니다.

**김** 시집을 한 권 내고 자신감이 엄청 떨어져 있던 시기였어요. 나름 최선을 다해서 좋은 반응을 기대했는데, 현실이 처참했다고 할까요. 뭐가 문제일까 어려운 난관에 봉착해 있던 때에 마침 최승호 시인의 동시집을 보게 되었습니다. 그때 제가 어린이 도서관에서 근무를 하고 있었거든요. 《최승호 시인의 말놀이 동시집》이었어요. 어렵지 않고 재미있더라고요. 그때부터 동시에 관심을 갖기 시작했습니다. '나도

**티나는 저에게 정말 소중한 아이예요.**

표   작가님의 동시집 속 아이를 지금 제가 만나고 있는 것 같네요. 그래서 말인데, 동시집의 아이들 중 '티나'에 대해 묻고 싶어요.

김   티나는 제가 정말 좋아하는 아이예요. 《티나의 종이집》 이전에 《오줌이 온다》와 《레고 나라의 여행》에도 티나가 등장해요. 이전 책들에서 티나를 살짝 소개해 두었어요. 예고 편처럼요.

표   티나에 대한 애정이 각별하신 것 같아요.

김   티나는 저에게 정말 소중한 아이예요. 제가 의정부에 쭉 살다가 이곳 동두천으로 이사 와 보니까 외국인들이 정말 많은 거예요. 미군 부대가 이전했다고 해도 아직 지하철역 앞에 가면 미국인도 많이 볼 수 있고, 근처에 공장 지대가 있어서 외국인 노동자들도 엄청 많아요. 동남아 사람들, 아랍 사람들이 여기 주민과 섞여서 살고 있죠. 그러다 보니 이전에는 보이지 않던 외국인 아이가 제 눈에 들어오게 된 거예요.

표   티나는 동두천의 선물이네요.

김   맞아요. 동두천의 선물! 제가 사는 집 앞에 흑인 여자아이와 오빠 둘, 이렇게 삼 남매가 있었어요. 그 집 앞을 지나가는데 진짜 다리가 길고, 진짜 달리기도 잘하고, 아이들과 진짜 잘 노는 그 아이가 보이더라고요. 어느 날은 그 아이가 한국 동요 '반달'을 너무 예쁘게 부르면서 지나가는데 정말 세상에 그렇게 반짝반짝 빛날 수가 없었어요. 그래서 저 아이를 닮은 저렇게 당당하고 예쁜 아이를 동시로 써 보고 싶더라고요. 제가 너무나도 매혹된 아이의 순수한 아름다움을 문학적으로 표현하고 싶었어요. 책 속으로 초대했을 때 얼마만큼 빛날지 거기에 대한 기대를 갖고 엄청 정성을 다했던 것 같아요.

표   《티나의 종이집》을 읽는 내내 떠올렸던 티나가 딱 그런 아이였어요. 진규도 티나를 보는 순간부터 티나의 매력에 푹 빠져서 사랑스럽게 바라보잖아요. 그게 바로 작가님의 시선이었군요.

김   네. 진규의 시선이 제 시선하고 많이 비슷해요. 진규는 티나를 굉장히 매력적으로 보고 아름답게 보죠.

표   어린이들에게 《티나의 종이집》을 읽어 준 적이 있어요. 아이들은 진규의 티나를 향한 마음이 드러날 때 환호했어요. 티나가 가진 피부색이나 문화적 배경이 아닌 두 친구가 나누는 귀여운 우정에 집중했고요.

김   티나를 주인공으로 삼으면서 조심했던 점이에요. 보통 신문 기사나 방송에서 외국인 노동자나 그들의 자녀들, 다문화 가족을 대할 때 배려의 대상으로 많이 보잖아요. 저는 그러고 싶지 않았어요. 배려의 대상, 약자의 모습이 아니라 그냥 그 아이 자체가 이 책에 있기를 바랐죠.

표  티나는 피부색과 머리카락 모양이 딱 봐도 흑인 아이잖아요. 많은 어른들이 아이들에게 "나와 다른 생김새를 가진 사람을 신기한 눈으로 쳐다보거나 놀리면 안 돼."라고 말해요. 그런데 작가님 책에서는 아이들이 티나에게 "너 외국에서 왔어?" 신기하듯 물으며, "하이" 하고 인사해요. 이런 장면들이 자연스럽고 편안해 보였어요.

김  놀릴 생각이 없는 아이한테 "놀리면 안 돼" 하는 게 전 싫어요. 당연히 아이들은 궁금하죠. 한국말을 잘하면 신기해할 거고요.

**아빠가 없는 게 아니라 엄마가 있다.**

표  잠깐 다른 책 이야기인데, 작가님께서 《오늘의 투명 일기》의 마지막 구절에 '아빠가 없는 게 아니라 엄마가 있다.'라고 쓰신 것도 '아이' 그 자체에 초점이 맞춰진 것 같아요. 보통 '결손 가정'이라는 표현을 쓰며 아이를 안쓰러워하거나 아이에게 표현을 조심하는 경우가 많은데 말이죠.

김  결손 가정 같은 말을 왜 만들었을까요? 너무 슬픈 말이잖아요. 여러 매체에서 우리가 추구해야 될, 보호해야 할 무엇으로 가족을 선정하는 경우가 많은데 저는 그게 불편했어요. 혼자인 사람들도 무수하게 많은데 그 사람들이 거기에서 외면당하잖아요. 저는 인간 하나하나를 사랑할 뿐인 그 모습, 그 정도면 충분하다고 생각해요.

표  작가님의 시에 이수연 작가님이 그림을 그린 그림책 《많은 사람들이 바다로 가》는 난민에 관한 이야기예요. 함께 살아가고 있는 사람들을 향한 넓은 시선과 따뜻한 마음을 가진 분이라는 생각이 듭니다. 그래서 다음 책에서는 또 어떤 사람들을 만나게 될까 기대가 되어요.

김  여러 이유로 이사를 많이 다니는 아이들의 이야기를 하고 싶어요. 예를 들면 계약이 끝나서 또 다른 집으로 가야 하는 것 같은. 깃들 곳을 찾아가는 이야기이니 이것도 난민이라면 난민일 수 있겠네요. 그리고 정말 하고 싶은 이야기는 우리 주변의 그냥 평범한 사람들의 이야기예요. 예를 들면 동네 세탁소 사장님처럼요. 오랜 방식으로 평생 한 일만 해 오는 사람들에 대해 관심이 있어요. 화려하고 멋있는 직업이라든지, 어떤 크고 놀라운 일을 경험한 이야기들이 책에 많이 담기죠. 하지만 우리 삶은 그렇지 않잖아요. 많은 지루한 날과 무료한 날을 지나가게 되어 있는데, 침착하고 차분하게 그런 삶을 다루는 그림책을 쓰고 싶습니다.

표  마지막으로 지면을 빌려 독자들에게 하고 싶은 말을 남겨 주세요.

김  한국에 멋있고 훌륭한 그림 작가가 많이 있다고 생각해요. 그렇지만 그림책에는 글도 들어 있잖아요. 저는 시를 쓰는 사람만이 쓸 수 있는 그림책이 있다고 믿고 싶어요. 정확히는 알지 못하지만 그런 영역이 분명히 있다고 생각합니다. 혹시 제가 그림책을 앞으로 내게 된다면 저 사람 시 쓰는 사람인데 하기보단 시 쓰는 사람이 어떻게 애썼나 생각하며 읽어 주세요. 그럼 참 고맙겠습니다.

김개미 시인과 동시집 속 아이들의 이야기를 나누다 보니 한 시간이 훌쩍 지나 있었다. 지면에 다 실지는 못했지만 그 존재 자체만으로도 귀하고 빛나는 아이들이었다. 시인의 이야기를 들으며 이 아이들 모두를 그림책 주인공으로 만나고 싶다는 생각이 들었다. 한 사람 한 사람을 귀하게 여기는 마음. 문학 작품 안에서 우리가 많은 사람들을 만나고, 이해하고, 사랑에 빠지고, 친구가 되는 이유가 아닐까 생각한다. '티나'는 외국인도 이주 배경 어린이도 다문화 가정 자녀도 아닌 그냥 '티나'였다.

《 제65회 한국출판문화상 편집 부문 수상작 》

# 민주인권그림책 시리즈 완간!

『당신을 측정해 드립니다』
권정민 그림책
#차별 #불평등 #인간의 존엄성

『바나나가 더 일찍 오려면』
정진호 그림책
#새벽배송 #노동 #사회

『타오 씨 이야기』
장재은 그림책
#이주노동 #다문화 #가족

『휘슬이 두 번 울릴 때까지』
이명애 그림책
#피구 #스포츠 #폭력성

『두 점 이야기』
요안나 올레흐 글, 에드가르 봉크 그림
#성역할 고정관념 #성평등 #역사

『건축물의 기억』
최경식·오소리·홍지혜 그림책
#국가폭력 #민주화운동 #기록

『호두와 사람』
조원희 그림책
#동물권 #관계 #공존

『멋진 민주 단어』
서현·소복이·한성민 그림책
#민주주의 #나다움 #존중 #연대

 민주인권그림책은
우리가 사는 사회를 촘촘하게 들여다보고
다양한 사회적 의제를 성실히 다룬 논픽션 시리즈입니다.

 ◀ 그림책을 아이와 함께 읽을 수 있게 돕는 독후활동지와 수업후기를 내려받을 수 있습니다.
◀ 민주화운동기념관과 시리즈 관련한 상세한 정보도 담겨 있습니다.

[사계절] www.sakyejul.net | @sakyejul_picturebook

# 다양한 주제를 따뜻한 시선으로 보는, 천개의바람 그림책

## 김유 X 소복이 콤비의 따뜻한 우리 동네에 놀러 오세요

 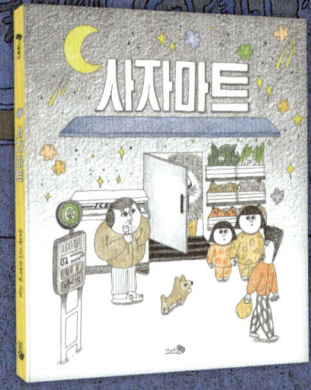 

★ 북스타트 선정
★ 창원의 책 선정
★ 경남독서한마당 선정
★ 책씨앗 최고의 책 선정
★ 읽어주기 좋은 책 선정

★ 예스24 올해의 책 선정
★ 한우리가 선정한 좋은 책
★ 소년한국 우수어린이도서 선정
★ 서울시 4개 구 올해의 한 책 선정
★ KBBY 추천

바람그림책 122 **마음버스**
바람그림책 137 **사자마트**
바람그림책 153 **개욕탕**

김유 글 | 소복이 그림

---

## 숨은그림찾기로 즐겁게 만나는 첫 역사 인물 시리즈

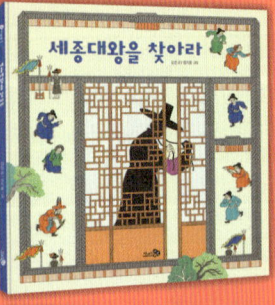 

★ 초등 인물 2-2 교과서 수록
★ 문학나눔 선정
★ 아침독서신문 선정
★ 한우리가 선정한 좋은 책
★ 소년한국 우수어린이도서 선정
★ KBBY 추천
★ 한국학교사서협회 추천

바람그림책 114 **세종대왕을 찾아라**
바람그림책 129 **정약용을 찾아라**
바람그림책 151 **유관순을 찾아라**
바람그림책 156 **이순신을 찾아라**

김진 글 | 정지윤 외 그림

더 많은 책을 보려면 천개의바람 블로그로 오세요 ▶

# 두 건축가가 직접 쓰고 그린
# 내 집 짓기와 건축에 관한 그림책

## 똑똑똑! 집 지으러 왔어요

"내 집을 짓는 것은 내 삶을 짓는 것!"

영국의 그림책
전문가 그룹 dPictus 선정
전 세계 뛰어난 그림책 100

군타 슈닙케 글 | 안나 바이바레 그림 | 박여원 옮김 | 값 17,500원 | 48쪽

★독서력 업! 특별 부록★

숨은그림찾기부터 평면도 배우기까지!
빵빵한 **독후활동지**로 독서력을 높여요.

"활짝 펼쳐요!"

독후활동지 다운로드

★책 속의 특별 페이지 초대형 평면도★

**미래i아이**  서울시 마포구 동교로134(서교동 464-41) 미진빌딩 2층 | 전화 02-562-1800 | 팩스 02-562-1885
홈페이지 www.miraei.com | 전자우편 mirae@miraemnb.com | 블로그 blog.naver.com/miraeibooks | 인스타그램 @mirae_ibooks

라키가 주목하는 그림책 작가

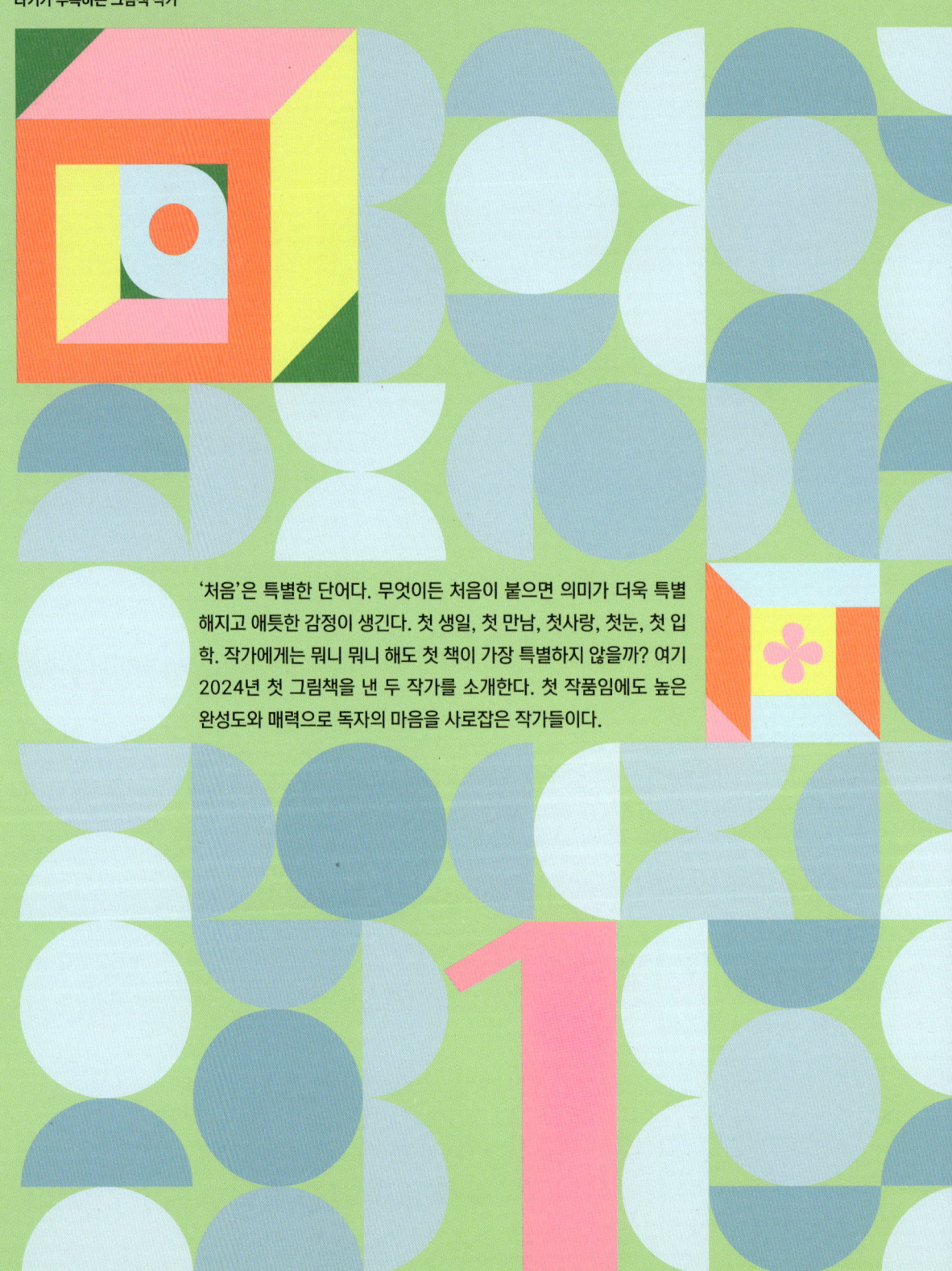

'처음'은 특별한 단어다. 무엇이든 처음이 붙으면 의미가 더욱 특별해지고 애틋한 감정이 생긴다. 첫 생일, 첫 만남, 첫사랑, 첫눈, 첫 입학. 작가에게는 뭐니 뭐니 해도 첫 책이 가장 특별하지 않을까? 여기 2024년 첫 그림책을 낸 두 작가를 소개한다. 첫 작품임에도 높은 완성도와 매력으로 독자의 마음을 사로잡은 작가들이다.

113 + 라키비움J 2025

Editor - 임서연, 이시내

# 나의 첫 그림책

Editor - 임서연

## "매일을 살아내는 우리에게 건네는 위로"

그림책방을 운영하며 대부분의 신간 그림책을 읽는다. 나오는 모든 그림책을 진열하고 싶지만, 작은 공간이라 책방에 어울리는 그림책을 고르고 골라 책장에 진열한다. 《매일, 살림》을 읽고 나서 이 따뜻함을, 이 포근한 사랑을 많은 사람들에게 나누어 주고 싶어 책장 한 칸을 모두 이 그림책으로 채우고 싶다는 생각했다. 따사롭게 빛나는 햇살 속에서 귀여운 포인트로 슬며시 웃음을 짓게 했다가, 어느 순간부터 잔잔한 위로가 되고 위안이 되는 신기한 마법의 그림책. 살림을 하는 주부라서 이 그림책이 더 와닿았나 했는데 8살 우리 꼬마도 사르르 미소를 짓는다. 김지혜 작가를 만나 작가의 첫 그림책인 《매일, 살림》에 숨어 있는 이야기를 들어 보았다.

**매일, 살림**
아침이면 어김없이 찾아오는 하루, 다 같이 함께하는 평범한 식사, 반복되는 일상에서 비집고 나오는 작은 상상과 언제나 그 자리를 지키는 누군가를 그리고 있다. '살림'으로 드러나는 '삶'을 통해 평범하고도 특별한 매일과 우리가 서로서로 연결되어 있다는 사실을 아름답게 보여 주는 책이다.

**김지혜**
사우디아라비아에서 자랐다. 모래사장이 펼쳐진 풍경 속에 메추리, 칠면조, 오리, 양과 염소, 마흔 바리의 토끼들 틈에서 놀았던 기억이 가장 오래 남아 있다. 한국에서는 도예를 전공했다. 오래 고여 있고 작은 걸 크게 부풀려 바라보는 재주가 있다. 지금은 살림과 작업, 그 사이 어딘가를 살고 있다.
《매일, 살림》은 제 1회 보림창작스튜디오 수상작이다.

《매일, 살림》 김지혜 글·그림, 보림

**안녕하세요. 첫 그림책 출간을 진심으로 축하드립니다. 자기소개 부탁드려요.**
안녕하세요. 매일 매일 그림을 그리려고 하는, 한국의 많고 많은 김지혜 중 한 명입니다.

**반가워요. 첫 책을 받았을 때의 느낌은 어떠셨나요?**
첫째를 낳을 때 기분과 좀 비슷했어요. 얼떨떨하고, 조금은 멍하고. 막 애정이 샘솟을 줄 알았는데 생각보다 덤덤하고. 아기를 열 달 품고 있으면서 많은 상상을 했거든요. 어떤 모습일까, 나의 하루는 어떻게 변할까 하면서요. 막상 아기가 꼬물꼬물 의사 선생님 손에 안겨 있는데 뚫어져라 보기만 했어요. 감정을 느껴 보려고 애썼던 것 같아요. 어쩌면 처음 겪는 마음이라 해석이 되지 않았을지도 모르겠네요. 짧은 순간이었지만 아기를 별로 좋아하지 않은 걸까 걱정도 됐죠. 그러다 씻으러 간 아기가 수술실 저쪽에서 칭얼칭얼 소리를 내더라고요. 그때 갑자기 마음이 뜨거워지면서 울음이 터져 나왔어요. 책도 비슷했던 것 같아요. 3년을 내내 품고 있었더니 막상 손에 들렸을 땐 아무 감정이 일지 않았어요. 그 책이 지인들 품에 닿고, 잘 받았다는 얘기를 듣고 조금씩 조금씩 실감이 나기 시작했어요. 책이 내 손을 떠나 세상에 흐르기 시작했다는 걸 작은 반응에서 느꼈어요. 아기의 작은 울음소리에서 느꼈던 생명력이 책에도 있다는 걸 알게 되는 순간이었어요. 그러면서 조금씩 감정이 벅차오르기 시작했습니다. 작은 댓글과 '좋아요'에도 잔잔하게 떨려 왔지요. 그러니 이런 인터뷰는 얼마나 좋게요.

**이 그림책을 쓰게 된 계기는 무엇인가요? 또 얼마나 긴 시간 이 책을 위해 보내셨는지 궁금합니다.**
사는 공간에 애정이 깊어 어떤 곳에 살더라도 가꾸고 살피는 걸 좋아했는데, 살림이 육아랑 겹치니 없던 감정들이 생기기 시작했어요. 단 한 번도 아침에 눈 뜨기 싫었던 적이 없었는데 일어나기 싫어 침대에 머물고, 끼니를 미루고, 식물을 죽이기(?) 시작했어요. 어쩌면 인류가 겪는 매일매일인데 이것이 고통일 수 있다는 걸 처음 알았죠. 고통을 알리고 싶은 게 인간의 본능일까요? 에세이 분야에서는 몇 년 전부터 다뤄졌던 '돌봄'과 '살림'을 본격적으로 물 위에 올려보고 싶었어요. 처음 보림출판사에 제시했던 장면들은 그래서 좀 더 어둡고, 고달픔이 묻어 있고, 살림을 보다 부정적으로 표현했었어요. 많이 당황하셨을 듯도 한데 류재수 선생님과 편집팀은 이 시선을 존중해 주었지요. 다만 작품에 녹아들 수 있게끔 한 달에 한 번 회의를 거치며 날 선 마음을 다듬어 주었던 것 같아요. 그렇게 3년을 기다려 주셨네요. 되돌아보면 감사한 경험입니다.

**작가님이 가장 애정하는 장면을 꼽아 주세요. 고심했던 지점도 궁금합니다.**
《매일, 살림》은 하루를 살아내는 인물을 보여 주고 있잖아요. 저 역시 똑같은 입장이라서 그런지 모두가 잠들기 전 이불을 꺼내는 장면이 작업할 때 가장 편안했어요. '고지가 눈앞에 있다!'랄까요. 소등 후 이불 속에 들어가면 굉장히 너그러워져서 응석도 대화도 많이 받아 주는 편입니다. 《매일, 살림》작업을 시작하면서 다짐 비슷하게 한 게 있어요. 어떤 장면을 펼치더라도 그 장면으로써 온전히 느낄 수 있게 작업하고 싶다고. 여느 때와 같이 지루하게 연결되는 하루지만 그 순간순간들에 충실했던 살림자의 모습처럼요. 한 장면 한 장면을 비중 있게 다루더라도 이야기의 흐름에서 너무 도드라지지 않게 하는 것이 가장 신경 쓴 지점인데 편집자님이 함께 고민 많이 해 주셨어요.

**추천 글**

한눈에 오랜 숙련 기간을 거쳐 이루어 낸 결과물임을 알 수 있다. 이 그림책처럼 '빛' 그 자체를 추구한 그림책이 또 있었던가! 난이도가 높은 기술적 어려움을 극복해 낸 진지함에 작가의 한 사람으로서 경외감을 느낀다. 집 안을 감싸는 따뜻한 햇살의 포근한 기운은, 평범한 일상을 마치 판타지의 세계인 듯 독자의 감흥을 자극한다. 빛의 미묘한 표현에 관한 한 이 그림책은 거의 독보적이며, 그 이유만으로도 추천할 가치가 있다.
- 류재수 (그림책 작가)

우리는 천천히
밤을 꺼내요.
나는요.

**독자들 의견이 분분한데요. 아이들과 함께하는 어른은 엄마인가요, 아빠인가요?**

많은 분이 질문해 주셨어요. 밝히자면 모델이 된 사람은 싱글맘인 제 친구입니다. 여자죠. 정확하게 그림책 속 모습을 하고 있고요. 《매일, 살림》 북토크 때 등장해서 당시 계셨던 분들이 납득하셨어요. 싱글맘인 그녀에겐 하루가 온전히 그녀의 몫입니다. 그녀가 하지 않으면 살림은 금세 엉망이 돼요. 그녀와 많은 이야기를 나누며 4인 가족인 제가 공감하고 있다는 게 흥미로웠습니다. 어쩌면 살림을 온전히 마주한 많은 이들이 비슷한 태도로 하루를 지내고 있을 것이란 생각도 들었습니다. 당연히 비교할 수 없이 다른 어려움이 있겠죠. 다만 이것이 오롯하게 '내' 몫이라는 힘듦은 다르지 않다고 여겼습니다. 어떤 이에게 이입해 보는지에 따라 책 속 인물의 성별이 바뀌거나 사회적 외모에 따라 한쪽 성별로 해석되는 게 흥미로웠습니다. 이런 질문을 받기 전 저는 되묻곤 했어요. 어떻게 보셨는지. 어쩌면 이 책은 저의 의도보다 읽는 분들의 해석으로 인해 완성되는 것 같습니다.

**이 책을 통해 전하고 싶은 메시지가 있을까요? 그렇다면 특별히 추천해 주고 싶은 독자는 누구일까요?**

책 작업을 하며 전하고 싶은 메시지를 설정하는 게 가장 어려웠어요. 이야기를 시작할 때 '네가 하고 싶은 이야기가 뭐야?'라고 묻잖아요. 저는 한 가지로 의견을 정리해 말하는 게 아주 어려운 사람인지라 종반에는 그 부분을 내려놓았어요. 책이 세상에 나오고 나서야 비로소 떠오르는 마음 하나가 있는데 어떻게 보면 그게 메시지일지도 모르겠네요. 자신의, 그리고 타인의 하루를 돌보는 분들의 하루가 고되고 힘들다는 걸 저는 압니다. 알고 있다는 건 인지한다는 것이고 알아준다는 건 공감한다는 것 같습니다. 제 공감이 메시지랄까요. 아이들이 등장하다 보니 육아에 비중을 두신 분들도 많은 것 같아요. 그것도 좋지만 하루를 시작하고, 먹고, 치우고, 마무리하는 모든 과정이 일상일지언정 자신의 몸 하나 건사하기 힘든 마음을 가진 분들이 보시면 좋겠습니다.

**마지막으로 그림책 작가를 꿈꾸는 예비 작가에게 한마디 해 주세요.**

아이고 제가 무슨 말을 할까요. 모두 겪으면서 알게 될 것 같아요. 책은 생각했던 것보다 깊은 협업이고 장거리 마라톤이라고 느껴요. 출판사가 페이스메이커가 되어 함께 발맞춰 소통과 이해, 불통과 오해를 거듭해 비로소 책 한 권이 나옵니다. 책이 나오기 전에는 저의 세상을 겪고 출간 후에는 책의 세상을 겪는 듯합니다. 책 너는 이런 세상에서 살고 있구나 라고요. 어떤 이에겐 좋은 출판사를 만나기 전 기간이, 어떤 이에겐 작업 과정이 더 길겠죠. 출간 전의 경험도, 후의 경험도 온전히 겪길 빕니다. 제 책도 예쁘지만 다른 책도 예쁘다는 걸 체감합니다. 저는 작업자이기 이전에 독자예요. 현재 작업하시는 모든 책들을 기다리고 응원합니다.

《매일, 살림》이 매일을 사는 모든 사람들에게 따스함이 되길, 위안이 되길 바라며, 그림책 속의 늘 그 자리에 있는 누군가이면서 동시에 그림책 작가로서 멋진 행보를 시작한 김지혜 작가님의 두 번째 그림책을 진심으로 기다리겠습니다.

Editor - 이시내

## "이리 와서 나를 발견해 주세요."

별생각 없이 걷다가 문득 쳐다본 하얀 구름이, 바람에 떨어지는 벚꽃잎이, 웅덩이에 반사되어 반짝이는 햇살 조각에 '아, 살면서 문득 떠오를 장면이구나.'라는 알 수 없는 예감이 들 때가 있다. 《몹시 큰 초대장》이 그런 느낌이 드는 그림책이었다. 마음 한구석에 밀어 두었던 작은 진심을 떠올리게 하는 박서영 작가의 첫 번째 그림책. 읽고 나면 자신만의 풍경으로 기억될 그림책. 《몹시 큰 초대장》을 당신에게 보낸다.

**몹시 큰 초대장**
매주 화요일, 마을로 내려가 전봇대에 초대장을 붙이지만 찾아오는 사람 없이 늘 혼자서 파티를 여는 소년이 있다. 그리고 어느 날 "똑똑똑!" 소리와 함께 소년의 집을 찾아온 깜짝 손님들의 이야기가 펼쳐진다.

**박서영**
대학에서 국문학을 공부한 뒤 지금은 일러스트레이터로 일하고 있다. 스스로를 곤란에 빠뜨리는 주인공을 그리고, 그와 함께 곤경에서 탈출하는 과정을 이야기로 풀어내기를 좋아한다. 쓰고 그린 책으로 《스마트맨》이 있다.

작고 낮은 초대장에는 부푼 기대가 들어 있다. 마침내 조각 케이크들처럼 모여든 마음이 둥근 보름달처럼 부풀어 오를 때, 우리는 세상에서 혼자가 아니다. 모든 장면에 박서영 작가만의 위트와 사랑스러움이 깃들어 있다. 이 귀여움은 몹시 크다! 아이도 어른도 이 그림책에 반할 수밖에 없을 것이다.
- 김하나 (《여자 둘이 살고 있습니다》 저자, 팟캐스터)

《몹시 큰 초대장》 박서영 글·그림, 모든요일그림책

안녕하세요. 작가님. 그래픽노블 《스마트맨》(2020년) 뒤 첫 그림책 《몹시 큰 초대장》으로 만나게 되어 반갑습니다.
안녕하세요. 〈라키비움J〉 독자 여러분, 반갑습니다. 박서영입니다.

몹시 크다는 제목과 상반되는 작은 판형에 먼저 호기심이 생겼습니다. 책장을 넘겨야만 이야기가 시작되는 책의 물성 때문에 독자는 책이 아닌 초대장을 펼치는 기분도 듭니다. 수많은 크기 중 이 판형으로 고른 이유가 궁금합니다.
《몹시 큰 초대장》은 처음 스케치 작업을 할 때부터 세로보다는 가로가 긴 형태의 가로형 캔버스로 작업을 했습니다. 마을의 전봇대를 중심으로 사람들이 길을 오가는 듯한 공간감을 표현하고 싶어서였는데요. 더 구체적으로는 좌우 비율을 넓게 하여 소년이 주변에 사람이 없이 혼자 있는 모습을 부각하고 싶었고, 상하 비율은 상대적으로 짧게 하여 소년의 작은 세계와 위축된 자의식을 표현하고 싶었습니다. 처음에는 지금 책 크기의 2배가량 되는 긴 스케치북에 작업을 하다가 스케치를 디지털로 옮기는 과정에서 더 작은 판형으로 축소하게 되었습니다. 작은 초대장에 깃든 소년의 작은 마음 그리고 이 모든 것을 둘러싼 아기자기한 마을을 표현하려면 좀 더 작은 크기가 어울리겠다 싶었거든요. 에드워드 고리가 그린 《줄어드는 아이 트리혼》이라는 책을 좋아하는데요. 점점 존재감이 사라지는 작은 소년을 작은 캔버스에 담아낸 것이 좋은 효과를 준다고 생각했습니다. 그 판형을 참고하여 작업했고, 최종적인 형태와 크기, 비율은 출판사에서 만들어 주셨습니다. 제가 더 미로 작업했던 크기보다 더 아담하게 만들어 주셨는데, 제목과의 대비감을 더 살려 주는 판형이라 마음에 듭니다.

저는 초등학교에서 6학년 아이들을 가르치는 교사입니다. 반 아이들과 함께 읽으며 마지막 장을 덮었을 때 숨소리도 들리지 않을 정도로 고요한 교실에서 충만함을 만끽했습니다. 아이들 얼굴에 여러 감정이 떠올랐다 사라지는 걸 보며 작가님은 어떤 계기로 이토록 외롭고 다정한 이야기를 시작하셨을지 듣고 싶어졌습니다.
외롭지만 다정하다는 문장이 마음에 많이 와닿는 것 같아요. 세상은 외로운 만큼 또 다정해질 틈을 만들어 낸다는 이야기가 《몹시 큰 초대장》에 담겨 있는 것 같거든요. 저는 어떤 이야기를 생각하거나 떠올릴 때 자기 마음을 잘 표현하는 인물보다는 스스로에게도 마음을 꽁꽁 싸매고 숨기는 인물을 떠올리는 편인데요. 삐져나온 속마음에 당황하고 난처해하는 인물의 관점으로 저도 모르게 계속해서 들어가곤 해요. 《몹시 큰 초대장》도 그런 설정의 인물을 떠올리다가 시작이 됐던 것 같아요. 요즘 유행하는 MBTI로 치면 저는 내향적인 I 성향이 강한 사람인데요. 사람들에게 절대 쉽게 다가가지 않고 심지어는 가족들과도 낯을 가리는, 정말 혼자가 편한 사람이거든요. 그런데 아주 가끔 제 마음 깊은 곳에서 '함께 하는 것'에 대한 알 수 없는 그리움이 불쑥 치밀어 올라올 때가 있어요. 그럴 때는 제 딴에 큰 용기를 내서 아주 조금씩 손을 내밀고 목소리를 내고는 해요. 그런데 그럴 때 생각지도 못하게 큰 목소리를 들려주는 사람들이 있어요. 그럴 때마다 놀랍기도 하고 고맙기도 하고 약간은 부끄럽기도 한 마음이 들어요. 물론 그것도 잠깐, 저는 다시 혼자가 편한 제 모습으로 돌아와 버리지만요. 사람들은 어쩔 수 없이 누구나 설명하기 힘든 그리움과 고독감을 가지고 살아간다고 생각해요. 우리 모두의 마음속에는 함께 하고 싶은 마음만큼이나 자유롭고 싶은 마음도 크기 때문에 완전히 함께이기도 완전히 홀로이기도 쉽지 않잖아요. 그래서 딱 어느 정도만큼만 용기를 내고, 어느 정도는 숨는 형태로 살고 있는 것 같아요. 물론 그 크기는 모두 다르겠지만요. 그런데 어쩌다 그 틈들이 맞아떨어지거나, 누군가 그 틈을 들여다볼 마음을 썼을 때, 함께 식탁에 앉을 수 있는 소중한 기회가 생겨나기도 하는데요. 그런 순간을 오래 기억하고 싶은 마음을 《몹시 큰 초대장》에 담은 것 같아요. 아이들이 책을 덮으며 떠올렸던 마음은 어땠을지 정말 궁금해지네요.

매주 화요일, 소년은 마을로 내려가
전봇대에 아주 작은 초대장을 붙였습니다.

누군가 초대장을 발견하길 기다려 보지만,
토요일엔 어김없이 혼자만의 파티가 열렸습니다.

소년은 생각했습니다.
'**나는 앞으로도 계속 혼자일 거야.**'

뒷 면지에 풍선껌을 불며 등장하는 친구는 그냥 지나가는 길일까요? 뒤늦게 파티에 가는 걸까요? 면지에 나오는 등장인물까지 궁금해지는 하나같이 매력 넘치는 인물이 등장합니다. 다들 자기 이야기를 품고 있을 것 같아 말을 걸고 싶어집니다. 작가님이 가장 좋아하는 인물이나 빠져서 아쉬운 설정이 있을까요?

  풍선껌 소년은 프롤로그에 잠깐 등장하는 동네 소년인데요, 초대장이 붙은 전봇대에 씹던 껌을 붙이고 무심하게 지나가 버리는 인물이에요. 소년의 마음을 알아채지 못하는 익명의 사람 중 하나로 만든 캐릭터인데, 편집자님이 풍선껌을 부는 소년의 존재를 재밌게 봐 주셨던 것 같아요. 풍선껌 소년이 뒤늦게 파티에 오는 설정을 뒷 면지에 넣으면 어떻겠냐는 아이디어를 주셨고, 그렇게 되면 면지를 덮으며 또 다른 상상이 펼쳐질 수도 있겠다 싶어서 반영하게 되었어요. 기자님이 주신 질문을 보며 그 기대가 어느 정도 통한 것 같아서 기쁩니다. 제가 생각했을 때 풍선껌 소년은 약간 '인싸' 같은 인물이라서 앞으로 소년의 파티에는 더더욱 많은 손님이 올 것 같다는 예감이 들기도 하네요.
  《몹시 큰 초대장》속 인물들이 강하게 자기 이야기를 하기보다는 각자 자기 자리에서 열심히 살아가다가 지나가던 길에 책 페이지 위를 우연히 밟은 것 같은 느낌을 풍기기를 바랐어요. 그래서 저는 자신의 삶을 충실히 살아가는 소소한 캐릭터들 모두에게 약간은 '장하다'라는 마음이 들기도 하는데요. 인터뷰를 준비하며 책을 다시 읽으면서는 자기 역할을 가장 훌륭하게 해낸 강아지가 가장 장하게 보였어요. 강아지가 아니었다면 굳게 걸어 잠근 소년의 마음을 허물기 어려웠을 것 같거든요.

책 제목도 혹시 작가님이 직접 쓴 글자일까요? 작업 방식이 궁금합니다.

  제가 맨 처음 더미북을 만들었을 때의 표지는 '몹시 큰 초대장'이라는 큰 글씨가 언덕 위의 작은 집 위에 내려앉아 있는 그림이었어요. 여담이지만 처음 출판사와 계약을 했을 때, 편집부에서 '책의 모든 것이 좋은데 딱 한 가지만 빼고 좋아요, 표지 디자인이요.'라고 말씀하셨던 게 너무 재미있었던 기억이 나요.
  최종 표지 작업은 제가 몇 가지 스케치를 보내 드리고, 출판사에서 그중 좋은 시안을 뽑아서 책의 형태에 맞게 수정해 주시는 방식으로 진행되었어요. 이 책의 타이틀 폰트도 출판사의 디자인팀에서 작업해 주셨어요. 옹기종기 모여 있는 자그마한 사람들의 머리 위로 큰 글씨가 떠 있는 모습이 마음에 들어요. '몹시 큰 초대장'이라는 큼지막한 크기의 제목과 작은 초대장, 그리고 앙증맞은 판형이 여러 가지로 대비를 이루면서 재미있는 효과를 주는 것 같습니다.

앞으로 그리고 싶은 이야기 씨앗이나 관심 있는 분야가 있을까요? 〈라키비움J〉 독자에게 전하고 싶은 말도 청해 봅니다.

  씨앗이 너무 많아서 어디에 물을 줘야 할지 고민스러운 날들이에요. 아이디어는 그 자체로는 큰 의미가 없고 이야기로 발전시키는 게 중요하다는 생각 때문에 마음이 초조해지기도 하고요. 지금은 '쓰레기'라는 키워드로 이렇게 저렇게 낙서를 해 보고 있는 중인데요. 쓰레기와 물건의 경계는 어디이고, 또 쓸모와 무용의 기준은 누가 어떻게 나눌 수 있는 것인지, 버려진 쓰레기들은 여생을 어떻게 보내는지…, 그런 생각들을 꼬리잡기 해 보고 있어요. 언젠가는 그 생각들이 꼭 새싹을 틔울 수 있기를 소망해 봅니다.
  저는 20대 후반에 그림책의 세계를 알게 됐어요. 그림책은 늘 그 자리에서 어른이든 어린이든, 안아 줄 준비를 하고 기다려주는 아주 중요한 존재 같아요. 마치 저를 기다리고 있었다는 듯 책장을 펼쳐 주는 그림책이 없었다면 힘든 시기를 보내기 어려웠을 거예요. 그림책에 대한 다양한 이야기를 나누어 주는 〈라키비움J〉 독자님들에게 《몹시 큰 초대장》을 소개할 수 있는 기회가 생겨서 무척 기쁘고 감사합니다.

"저는 자신의 삶을 충실히 살아가는 소소한 캐릭터들 모두에게 약간은 '장하다'라는 마음이 들기도 하는데요. 인터뷰를 준비하며 책을 다시 읽으면서는 자기 역할을 가장 훌륭하게 해낸 강아지가 가장 장하게 보였어요. 강아지가 아니었다면 굳게 걸어 잠근 소년의 마음을 허물기 어려웠을 것 같거든요."

키워드로 보는 그림책 3

# 노벨상

드디어 한국도 노벨 문학상 수상 작가 보유국이 되었다! 이제 우리나라 어린이들도 노벨상 수상 작가의 책 좀 읽어 볼까? 노벨 문학상 수상 작가의 책을 원서로 읽는 기쁨을 누리자!

127 + 라키비움J 2025

Editor - 전은주

24년 10월 10일, 인터넷 서점 웹사이트가 모두 마비되는 초유의 사태가 일어났다. 한강 작가의 노벨 문학상 수상 소식 덕분이었다. 노벨상이 만들어진지 123년 만에 아시아 여성 최초로 받은 노벨 문학상! 스웨덴 한림원은 "역사적 트라우마에 맞서 인간 삶의 연약함을 드러내는 강렬한 시적 산문(for her intense poetic prose that confronts historical traumas and exposes the fragility of human life)이라고 수상 이유를 밝혔다. 노벨 문학상 선정 위원인 소설가 스티브 셈산드베리는 한강의 작품을 처음 읽는 독자를 위해 순서대로 읽으면 좋은 세 권을 추천했다.

1. 《채식주의자》 어느 날 갑자기 채식주의자가 된 어느 여자에 대한 충격적이고도 치열한 이야기
2. 《희랍어 시간》 말을 잃어 가는 한 여자와 시력을 잃어가는 한 남자가 각자의 침묵과 어둠 속에서 고독하게 나아가다가 서로를 발견하고 위로하는 이야기
3. 《소년이 온다》 5·18 광주민주화운동 때 목숨을 잃은 중학생 동호와 남겨진 이들의 이야기 순서다.

 한강 작가 본인은 최신작인 《작별하지 않는다》로 시작하길 권한다.
그 후엔 《작별하지 않는다》와 직접 연결된 《소년이 온다》, 《흰》, 《채식주의자》 순서대로!

1 《작별하지 않는다》 한강 지음, 문학동네  2 《소년이 온다》 한강 지음, 창비  3 《흰》 한강 지음, 문학동네  4 《채식주의자》 한강 지음, 창비

# 노벨상 수상 작가가 쓴 그림책

한강 작가는 '웃음은 사람만이 가진 멋진 특권이자 축복'이라며 어린이들이 책을 통해 '의문을 갖는 것'의 힘을 느끼기를 바란다고 했다. 그렇다면 어린이들은 노벨 문학상 수상자의 작품을 어떻게 즐기면 좋을까? 〈라키비움J〉에서 권한다. 먼저 한강 작가의 그림책을 만나 보자.

《천둥 꼬마 선녀 번개 꼬마 선녀》는 하늘나라가 심심하고 지루한 두 꼬마 선녀의 이야기다. 날개옷이 거추장스러워 발가벗고 땅으로 놀러 가는 두 꼬마 선녀를 할머니 선녀님이 잡아들였다. 할머니 선녀님은 벌 대신 천둥과 번개를 선물한다. 천둥 치는 밤 아이들과 함께 읽어 보길. 한강 작가의 다정한 헌사는 이렇다. "천둥 번개를 무서워하는 아이들에게, 천둥 번개를 무서워하지 않는 아이들에게… 그리고 새벽이에게". (새벽이는 '효에게. 2002. 겨울' 시의 주인공이기도 하다.)

이번에는 한강 작가가 번역한 그림책들을 소개한다.
《순록의 크리스마스》는 산타의 요정들이 썰매를 끌 순록을 모집하는 이야기로 그림이 아름답다.
《절대로 잡아먹히지 않는 빨간 모자 이야기》는 빨간 모자를 쓴 오리 이야기이다. 전래 동화와는 달리 악어에게 겁먹지 않고 용감하게 맞선다.
《꼬마 로봇 스누트의 모험》은 작고 보잘것없는 로봇이 불의에 맞서며 성장하는 동화이다.
그런데 아쉽게도 한강 작가의 번역 책들은 모두 절판이라 책을 보기 위해서는 도서관으로 가야 한다. 이왕 도서관에 갔다면 역대 노벨 문학상 수상 작가들이 어린이들을 위해 쓴 그림책들도 한 번 찾아보면 어떨까?

**1**《천둥 꼬마 선녀 번개 꼬마 선녀》한강 글, 진태람 그림, 문학동네
**2**《순록의 크리스마스》모 프라이스 글, 아츠코 모로즈미 그림, 한강 옮김, 문학동네  **3**《절대로 잡아먹히지 않는 빨간 모자 이야기》마이크 아르텔 글, 짐 해리스 그림, 한강 옮김, 문학동네

우리는 바람을 뚫고 들어갔다. 아무 소리도 들리지 않았다.
그저 귀만 웅웅 울릴 뿐이었다. 바람이 나를 강에 빠뜨릴 기세로 밀쳤다.
풀들은 일제히 몸을 낮췄고, 강물이 바람에 날아올랐다.
잉어들이 이따금씩 번개처럼 번쩍이며 허공을 떠다녔다.

책을 찾아본 여러분은 분명 깜짝 놀랄 것이다. 왜냐하면 첫 번째는 노벨상 수상 작가가 어린이를 위해 쓴 그림책이 생각보다 많기 때문이고, 두 번째는 아쉽게도 그중 많은 책이 절판되었기 때문이다.

노벨 문학상 수상 작가의 그림책은 《천둥 꼬마 선녀 번개 꼬마 선녀》처럼 오롯이 어린이 독자를 위해 쓴 책이 있는가 하면, 작가의 기존 작품을 재해석하여 그림책으로 엮은 책이 있다. 예를 들어 헤르만 헤세의 《데미안》은 고래의숲 출판사의 '세계문학 그림책' 시리즈(그림이 아름답기로 유명하다!)처럼 충실하게 원작의 내용을 살린 버전이 있는가 하면, 개구리를 주인공으로 만든 책고래출판사 용달 작가의 《데미안》 버전도 있다. 노벨상 수상 작가의 작품이라니 어렵다고 지레 겁부터 나는 독자에게는 개구리가 주인공이라는 자체만으로도 허들이 낮아지지 않을까? 전체 줄거리를 요약한 것이 아니라 특정 에피소드에 집중함으로써 헤밍웨이의 소설이라는 것을 몰라도 그림책 자체로 충분히 재미있다.

《돌풍》은 2012년 노벨 문학상을 수상한 중국 작가 모옌의 단편 소설 〈큰바람〉의 그림책 버전이다. 모옌은 〈패왕별희〉〈붉은 수수밭〉 등 영화의 원작자로도 유명하다. 책은 싱얼이 갑자기 할아버지의 부고 소식을 듣고 고향으로 돌아가면서 시작한다. 어머니는 얼마 전 할아버지가 "싱얼은 이게 뭔지 알 거야."라고 들고 왔다며 풀 한줄기를 보여 준다. 싱얼은 일곱 살쯤 할아버지와 함께 풀을 베러 강가에 갔던 날을 떠올린다. 풀도 베고 메뚜기도 잡으며 즐거운 시간을 보내는 중, 갑자기 거대한 돌풍이 다가왔다. 할아버지는 풀을 실은 수레가 뒤집히지 않도록 온 힘을 다해 바람과 맞서 싸우지만 결국 모든 것은 날아가고, 간신히 지켜낸 수레에는 풀 한 줄기가 끼어 있었다. 싱얼은 무심코 그 풀을 버렸지만, 이 경험은 싱얼에게 깊은 인상을 남긴다. 할아버지 말마따나 싱얼은 무슨 풀인지 한눈에 알아볼 정도로 말이다. 아들이 죽고 손주를 책임지는 할아버지는 돌풍에 결코 질 수 없었을 것이다. 할아버지는 모든 것을 잃더라도 끝내 버티는 모습을 손주에게 보여 주었고, 손주 싱얼은 그 풀을 사진첩에 소중하게 간직한다. 할아버지에게 풀과 추억과 정신을 건네 받은 것이다. 다림 출판사는 '아이의 손을 잡고 함께 맛보는 인생 첫, 거장의 문학'이라고 광고 문구를 썼다.

《돌풍》
모옌 글, 리이팅 그림, 류희정 옮김, 다림

아이에게 '거장의 첫, 문학'을 좀 더 친숙하게 만나게 하고 싶다면 노래의 힘을 빌려 보는 것은 어떨까?
2016년 노벨 문학상을 받은 가수 밥 딜런의 노래 그림책들이다. 《그 이름 누가 다 지어 줬을까》는 노래와 수수께끼가 한데 있어 아이들의 흥미를 끈다. 어린 유아도 쉽고 재미있게 볼 수 있다.
《불어오는 바람 속에》는 1960년대 미국 시민권 운동 당시 널리 불려 유명한 노래이다. 유튜브에서도 쉽게 찾을 수 있으니 아이와 함께 들으며 흥얼거려도 좋겠다. 밥 딜런은 노래로 질문한다. '얼마나 오랜 세월을 견뎌야 자유를 얻을 수 있을까?', '우린 대체 언제까지 그저 모른 척하며 외면할 수 있을까? 우리는 언제쯤 참사람이 될 수 있을까?' 등이다. 질문은 어렵지만, 그림이 들려주는 이야기는 쉽고 유머 넘치며 다정하다. 칼데콧 수상 작가 존 무스의 솜씨다.
《포에버 영》은 밥 딜런이 아들 제시를 위해 만든 노래이다. '하늘이 널 축복하고 지켜 주기를, 네가 늘 다른 이들을 위해 행동하고 남들이 널 위해 행동하기를, 네가 별에 이르는 사다리를 놓고 모든 꿈에 올라타기를, 네가 늘 영원히 젊게 어린 모습 그대로 꿈꾸며 살아가기를'. 노벨 문학상 수상 작가의 아름다운 문장을 빌려 아이에게 이러한 축복을 할 수 있으니 얼마나 행운인가.

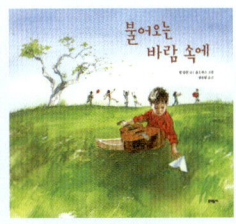

《그 이름 누가 다 지어 줬을까》
밥 딜런 글, 짐 아노스키 그림,
황유원 옮김, 문학동네

《불어오는 바람 속에》
밥 딜런 글, 존 J. 무스 그림,
황유원 옮김, 문학동네

《포에버 영》
밥 딜런 글, 폴 로저스 그림,
엄혜숙 옮김, 바우솔

〈잃어버린 영혼〉

문장 뿐만 아니라 그림의 아름다움을 더해 거장의 이야기를 더 직관적으로 이해하고 편하게 느끼는 것은 어린이 독자만이 아닐 것이다. 2018년 노벨 문학상을 수상한 폴란드의 올가 토카르추크 작가의 《잃어버린 영혼》은 처음부터 오롯이 그림책으로 쓰어졌다. 부드러운 연필 그림은 요안나 콘세이요의 작품으로 볼로냐 라가치 픽션 상을 수상했다.

《잃어버린 영혼》은 한 남자가 호텔 방에서 숨이 막힐듯한 통증을 느끼면서 시작한다. 남자는 자신의 이름도 기억하지 못한다. 나는 여기에서 무얼 하고 있는 거지? 나는 누구이지? 고통을 호소하는 남자에게 의사는 영혼을 잃어버렸기 때문이라고 진단한다. "누군가 위에서 우리를 내려다본다면 세상은 땀 흘리고 지치고 바쁘게 뛰어다니는 사람들로, 그리고 그들을 놓친 영혼들로 가득 차 보일 거예요. 영혼은 주인의 속도를 따라갈 수 없으니까요. 그래서 큰 혼란이 벌어져요. 영혼은 머리를 잃고, 사람은 마음을 가질 수 없는 거죠. 영혼들은 그래도 자기가 주인을 잃었다는 걸 알지만, 사람들은 보통 영혼을 잃어버렸다는 사실조차 모릅니다."

의사의 처방은 바로 자기만의 어떤 장소로 찾아가 편안히 앉아서 영혼을 기다리라는 것.

이 책은 한 페이지에만 글이 몰려있고, 그림책 대부분에는 글자가 없다. 왼쪽 페이지에는 영혼이 남자를 찾아 헤매는 장면이, 오른쪽 페이지에는 의자에 앉아 가만히 영혼을 기다리는 남자가 그려져 있다. 마침내 남자가 파묻어 버린 시계와 트렁크에서 싹이 나고 푸른 잎사귀, 아름다운 꽃을 피우는 식물이 자라난다. 마치 남자의 수염처럼 무성하게. 그때서야 영혼이 찾아와 똑똑 문을 두드린다. 영혼은 어떤 모습이었을까? 남자는 과연 언제 영혼을 잃어버린 걸까? 올가 토카르추크와 요안나 콘세이요는 《잃어버린 영혼》에 이어 《잃어버린 얼굴》도 만들었다. 이 그림책들은 성인 독자들에게 영혼을 기다릴 수 있는 침묵과 쉼의 순간을 선물한다.

《잃어버린 영혼》 올가 토카르추크 글, 요안나 콘세이요 그림, 이지원 옮김, 사계절

 ## 노벨 문학상 수상 작가들은
왜 그림책을 썼을까?

단순히 다른 예술가와 협력하며 새로운 표현 방식을 탐구하여 자신의 문학적 역량과 창의성을 다양한 형태로 확장하고 표현하려는 시도만은 아닐 것이다. 어린이 독자와 더욱 친숙해지기 위해, 어릴 때 읽은 책이 독자에게 얼마나 큰 영향을 미치는지 알기 때문이기도 하다. 어찌 노벨상 수상 작가들이 멋진 어린이가 괜찮은 어른으로, 독자로 자라는 데 영향을 미치고 싶지 않겠는가. 바로 자신들이 그렇게 자라났을 것이다.

1993년 미국 흑인 여성으로서는 최초로 노벨 문학상을 탄 토니 모리슨은 아들 슬레이드 모리슨과 함께 여덟 권이나 그림책을 썼다. 국내에는 《네모 상자 속의 아이들》과 《얄미운 사람들에 관한 책》 두 권이 번역돼 있다. 토니 모리슨은 이렇게 말한다.

"어린이들에게 당장은 어른과 세상에 휘둘리더라도 언제나 자기만의 행복해지는 방법을 찾아야 한다고 말해 주고 싶어요."

아니나 다를까, 《얄미운 사람들에 관한 책》에서 올바르게 행동하라고 하면서 자기는 오히려 일관되지 못하고 부당하고 모순된 어른들을 얄밉다고 하는 꼬마 토끼는 마침내 이렇게 선언한다.

"그렇지만 난 활짝 웃을 거야! 멋지지 않아?"

한강 작가는 열두 살 때 아스트리드 린드그렌의 《사자왕 형제의 모험》을 읽고 '세상은 왜 이토록 아름답고 폭력적인가?'라는 생각을 하게 되었다고 한다. 이 질문은 훗날 작가의 대표작 《소년이 온다》를 쓰는 데 큰 영향을 주었다. 한강 작가는 노벨상 수상식에서 이렇게 말했다.

"오래전에 나는 인간에 대한 근원적 신뢰를 잃었다. 그런데 어떻게 세계를 껴안을 수 있겠는가? 그 불가능한 수수께끼를 대면하지 않으면 앞으로 갈 수 없다는 것을, 오직 글쓰기로만 그 의문들을 꿰뚫고 나아갈 수 있다는 것을 깨닫게 되었다."

지금 한강 작가는 두 개의 질문을 품고 글을 쓴다고 한다.

'세계는 왜 이토록 폭력적이고 고통스러운가?' 동시에 '세계는 어떻게 이렇게 아름다운가?'

한강 작가가 여덟 살 때 썼다는 동시야말로 멋진 대답이 될 것이다.

사랑이란 어디 있을까?
팔딱팔딱 뛰는 나의 가슴 속에 있지.
사랑이란 무얼까?
우리의 가슴과 가슴 사이를 연결해 주는 금실이지.

노벨 문학상 수상 작가들이 쓴 그림책을 읽으며 생각한다. 다정하고 강한 이 그림책들이 작가와 독자, 그리고 우리의 가슴과 가슴을 연결해 주는 금실이 되면 좋겠다고.

## 노벨 문학상 수상 작가들의 그림책 목록

《낙타는 왜 혹이 달렸을까?》 조셉 러디어드 키플링 글, 리스벳 츠베르거 그림, 노경실 옮김, 안그라픽스(절판) ◆
《만약에》 조셉 러디어드 키플링 글, 지오반니 만나 그림, 최영진 옮김, 살림어린이
《표범의 얼룩무늬는 어떻게 생겨났을까?》 조셉 러디어드 키플링 원작, 재미마주 편집부 글, 송수정 그림, 재미마주
《트롤의 아이》 셀마 라게를뢰프 글, 심현경 그림, 이상교 옮김, 안그라픽스(절판) ◆
《카드의 왕국》 라빈드라나드 타고르 글, 김기석 그림, 이상교 옮김, 안그라픽스(절판) ◆
《시장에 간 암소》 요하네스 옌센 글, 최자연 그림, 이상교 옮김, 이상의날개(절판) ◆
《노인과 바다》 어니스트 헤밍웨이 원작, 김현수 글, 김희경 그림, 고래의숲
《우리 집에 온 파도》 옥타비오 파스 지음, 캐서린 코완 글, 마크 뷰너 그림, 노경실 옮김, 안그라픽스(절판) ◆
《얄미운 사람들에 관한 책》 토니 모리슨, 슬레이드 모리슨 글, 파스칼 르메트르 그림, 김여진 옮김, 주니어김영사
《네모 상자 속의 아이들》 토니 모리슨, 슬레이드 모리슨 글, 지젤 포터 그림, 이상희 옮김, 문학동네
《세상에서 가장 큰 꽃》 주제 사라마구 글, 주앙 카에타노 그림, 공경희 옮김, 안그라픽스(절판) ◆
《물의 침묵》 주제 사라마구 글, 마누엘 에스트라다 그림, 남진희 옮김, 살림어린이(절판) ◆
《돌풍》 모옌 글, 리이팅 그림, 류희정 옮김, 다림
《포에버영》 밥 딜런 글, 폴 로저스 그림, 엄혜숙 옮김, 바우솔
《불어오는 바람 속에》 밥 딜런 글, 존 J. 무스 그림, 황유원 옮김, 문학동네
《그 이름 누가 다 지어 줬을까》 밥 딜런 글, 짐 아노스키 그림, 황유원 옮김, 문학동네
《잃어버린 영혼》 올가 토카르추크 글, 요안나 콘세이요 그림, 이지원 옮김, 사계절
《가장 완전하게 다시 만든 정글북》 조셉 러디어드 키플링 글, 스튜어트 트레실리언 그림, 정회성 옮김, 사파리
《키플링이 들려주는 열 가지 신비로운 이야기》 조셉 러디어드 키플링 글, 헬렌 워드 그림, 홍연미 옮김, 청솔(절판) ◆
《닐스의 신기한 모험》 셀마 라게를뢰프 글, 김상열 옮김, 마루벌(절판) ◆
《파랑새》 모리스 마테를링크 글, 허버트포즈 그림, 김주경 옮김, 시공주니어
《작은 영웅》 라빈드라나드 타고르 글, 조경주 그림, 신형건 옮김, 보물창고
《안녕, 나의 별》 파블로 네루다 글, 엘레나 오드리오솔라 그림, 남진희 옮김, 살림어린이(절판) ◆
《바보들의 나라, 켈름》 아이작 바셰비스 싱어 글, 유리 슐레비츠 그림, 강미경 옮김, 두레아이들
《빛은 물과 같단다》 가브리엘 가르시아 마르케스 글, 카르메솔-벤드렐 그림, 송병선 옮김, 좋은엄마(절판) ◆
《오누이》 욘 포세 글, 알요샤 블라우 그림, 박원영 옮김, 아이들판(절판) ◆

◆ 표시가 된 그림책들은 아쉽지만 한국어 버전 그림책은 절판된 책들이다.
도서관에서 찾아보거나 원서 그림책을 찾아보자.

《노벨 경제학상 수상자 에스테르 뒤플로의
문제 해결 지식 그림책 시리즈》 전 5권
에스테르 뒤플로 글,
샤이엔 올리비에 그림,
최진희 옮김, 라이브리안

## 그림책을 쓰는 노벨 경제학상 수상자
# 에스테르 뒤플로

노벨상 수상 작가가 그림책을 썼다고 하면 문학상 수상자를 떠올리기 쉽지만, 여기 그림책을 다섯 권이나 쓴 (앞으로 더 쓸 수도 있다) 최연소 노벨 경제학상 수상자가 있다. 바로 미국 메사추세츠 공대(MIT)의 에스테르 뒤플로 교수이다. 지난 20년간 40여 개의 최빈곤 국가를 찾아다니며 빈곤 퇴치를 위한 다양한 프로젝트를 설계해 온 뒤플로 교수는 자신의 경험을 생생히 살려《닐루는 학교에 가지 않아》,《마녀에게 내민 작은 손》,《울라네 마을 선거》,《네소와 나지, 도시로 가다》,《누가 아피아를 치료할까?》 등 다섯 권의 문제 해결 지식 그림책 시리즈를 썼다. 다음 인터뷰 내용은 2023년 라이브리안 저자 북토크 중 나눈 이야기이다.

🔹 **어떤 연구로 노벨상을 받으셨나요?**
가난한 사람들이 어떻게 살고 있는지, 어떻게 해야 좀 더 잘 살 수 있는지를 연구해요. 가난한 사람들이 어떻게 해야 교육과 치료를 받고, 정치에 어떻게 자기 목소리를 낼 수 있는지, 경제적으로 어떻게 해야 생활이 나아질 수 있는지 방법을 찾아내지요. 가난을 연구하는 것이 아니라 가난한 사람들의 삶을 실제로 바꿀 수 있는 프로그램을 만들고, 이것이 효율적으로 작동할 수 있도록 한답니다.

🔹 **연구 논문이 아니라 아이들을 위한 그림책을 쓴 이유는 무엇인가요?**
어린이는 가장 좋은 독자예요. 왜냐하면 아직 잘못된 고정관념이 생기지 않았으니까요. 그런데 세상에는 가난에 대해서 선입견을 갖게 하는 어린이 책이 많더라고요. 저는 어린이들이 세상 어딘가 나와 다른 삶을 사는 사람들이 있다는 것을 사실 그대로 인식하고 존중하게 하는 책을 쓰고 싶었어요. 어린 시절 읽은 책은 나중에 어떤 사람이 되느냐에 매우 중요한 역할을 해요. 저도 어렸을 때 인도 콜카타의 가난한 사람들 이야기를 읽고 큰 영향을 받았고, 그런 사람들을 잊지 않고 꼭 도와주겠다는 마음을 가졌죠.

🔹 **그림책 쓰기가 힘들지는 않았나요?**
저의 직업은 길고 지루한, 아무도 읽지 않는 글(논문)을 쓰는 거예요. 그에 비하면 그림책은 새로운 일이죠. 쓰면서 무척 신나고 즐거웠어요. 무엇보다 이야기의 힘은 대단하답니다. 사람들은 '방글라데시의 소액 금융기관 브락(BRAC)은 가난한 사람을 돕기 위해 물품 제공보다 일자리를 창출하는 지원을 하고 있다.'는 내용의 논문은 지루해하지만, '지저분한 곳에서 혼자 외톨이로 살아서 마녀라고 불리는 코누 할머니에게 재봉틀을 주자 온 마을 사람들이 갖고 싶어 하는 옷을 만들어 냈다. 이제 코누 할머니는 마을 사람들에게 지혜를 나눠 주는 친절한 할머니가 되었지.'라는 이야기는 재미있어하거든요. 더 잘 기억하고요. 가난한 사람에게 단순한 물품보다 일자리를 만들고 뭔가를 시작할 수 있도록 가축이나 재봉틀 같은 자원을 지원하면 가난에서 근본적으로 졸업할 수 있다는 것을 이야기로 전하면 더 쉽게 설득할 수 있어요. 더구나 이 모든 일은 코누 할머니를 무서워하지 않고 다가갔던 꼬마 비비르 덕분이잖아요. 어린이 독자들이 즐거워하죠.

🔹 **그런데 왜 아이들 얼굴이 파란색인가요?**
처음에 그림 작가 샤이엔도 이 아이들이 어느 나라에 사는지 물었답니다. 하지만 특정 나라나 인종을 떠올리지 않게 하고 싶었어요. 베트남, 캄보디아, 인도, 아프리카 어느 나라 사람이라도 될 수 있어요. 그래서 피부 색깔도 다 다르게 했죠. 샤이엔은 제 뜻을 이해하고 멋지게 표현했어요. 심지어 모든 인물과 요소, 그림의 모든 부분이 세모 네모 동그라미로 표현되었답니다. 덕분에 특정 문화가 떠오르지 않아요.

🔹 **그리고 샤이엔은 그림 색깔도 매우 다채롭게 그렸어요.**
세상에 다채로운 색깔을 갖고 있으니까요. 아무리 가난해도 삶이 얼마나 아름다운지 나타내고 싶었어요. 참! 책 아랫부분에 다양한 선이 있죠? 사람들은 선 위에 서 있기도 하고 앉아 있기도 하죠. 선은 가파르게 올라가기도 하고 내려가기도 해요. 샤이엔은 그래프의 곡선에서 영감을 얻었다고 해요. 그래프는 경제학자들이 세상을 보는 방식 중에 하나랍니다. 샤이엔은 이 책을 경제학자가 썼다는 것도 그림으로 표현한 거죠. 정말 멋져요.

🔹 **비비르와 닐루 같은 어린이들이 힘을 모아 문제를 해결하다니, 기특합니다. 이 어린이들이 자라면서 잃지 말았으면, 꼭 가졌으면 하고 바라는 자질이 있으신가요?**
아이들이 갖춰야 할 가장 중요한 자질은 열린 마음과 호기심이라고 생각합니다. 어른도 마찬가지지만요. 그리고 가까이 있는 사람과 먼 곳에 사는 사람들 모두에게 존중하는 마음과 공감하는 마음을 잃지 않기를 바라요. 아! 물론 책을 읽어야 해요!

이야기의 힘을 믿는 경제학자는 그 이야기로 인간에 대한 존중과 공감의 힘을 전하고 있었다. 그녀가 들려줄 앞으로의 이야기를 기대한다.

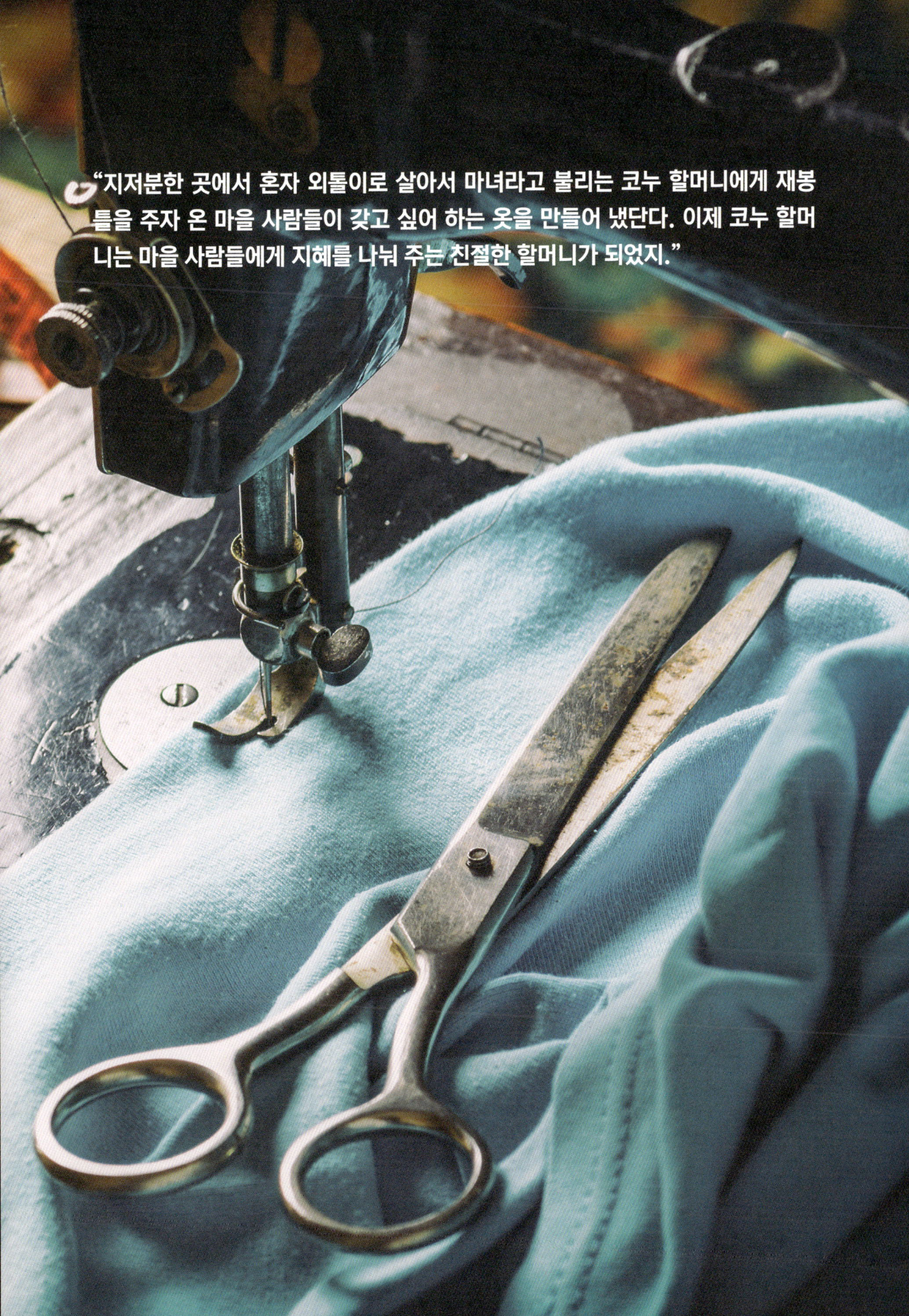

"지저분한 곳에서 혼자 외톨이로 살아서 마녀라고 불리는 코누 할머니에게 재봉틀을 주자 온 마을 사람들이 갖고 싶어 하는 옷을 만들어 냈단다. 이제 코누 할머니는 마을 사람들에게 지혜를 나눠 주는 친절한 할머니가 되었지."

편집자, 작가, 번역가가 직접 소개하는 **2025년 우리가 만날 그림책**

Editor - 표유진

편집자, 작가,
번역가가
직접 소개하는

# 2025년
# 우리가 만날
# 그림책

# 편집자

안녕하세요? 사계절출판사입니다. 이 지면을 맡아 글을 쓰고 있는 사람은 편집자 김진입니다. 저를 포함하여 백승윤 박지현 송예진 편집자, 권소연 김재미 디자이너, 이장열 김지원 마케터가 함께 책을 만들고 알리는 일을 하고 있습니다. 앞서 호명한 사람들이 매주 월요일 아침마다 복닥복닥 모여서 그 주의 할 일을 챙기고 놓친 일을 돌보아요. 저희가 일하는 사무실은 아주 조용하지만, 일은 무척이나 급박하게 돌아갑니다. SNS 콘텐츠를 꾸리고, 릴스를 만들고(요전에는 함께 감자전을 부쳤어요), 북토크나 전시 같은 행사를 챙기고, 공문을 살핍니다. 그리고 지금 만들고 있는 책의 원고에 스며드는 시간을 가져요. 이 시간이 가장 두근거리고 또 어려운 시간입니다. 어느 출판사나 크게 다르지 않을 걸로 짐작하지만, 빠를 때와 느릴 때, 호흡 전환이 꽤 중요한 일터에서 일하고 있습니다.

**2025년 준비 중인 그림책을 소개해 주세요.**

두 해쯤 전에 '위트앤시니컬'이라는 시집 서점에 들른 적이 있습니다. 시집 서점에 들르면 보지도 않을 시집을 잔뜩 사서 돌아오고는 해요. 때로는 주인장인 유희경 시인한테 추천을 받기도 합니다. 그날 저는 김복희 시인의 시집을 추천해 달라고 했고, 그가 권한 시집이 《스미기에 좋지》였습니다. 평소대로라면, 사 온 책들을 쌓아 두었을 텐데 그날은 이 시집을 펼쳤답니다. 제목에 끌렸어요. 슬렁슬렁 보다가 상당히 재미있는 형식의 시를 발견했어요. 그 시에는 아주 긴 주석이 달려 있는데, 시를 쓰게 된 사연이에요. 이른 오전에 서점에 나온 한 어른에게 어린 친구가 쭈뼛거리며 다가옵니다. 다가왔다 물러나기를 몇 번 반복하고는 새를 그려 달라고 해요. 자기는 새를 무척 좋아하는데 기를 수가 없다면서. 당황스러운 요구에 어른은 애써 새를 그리지만, 어린이는 그게 아니라고, 가장 멋진 새를 그려 달라고 합니다. 전전긍긍하는 어른과 어린이의 대화 속에 무척이나 멋진 심지가 서 있는 이야기입니다. 편집자들은 원고에 반하면 행동이 빨라져요. 김복희 시인과 만나고, 지금은 이명애 작가가 그림을 그리고 있는 중입니다. 시 자체의 형식이 독특하기도 해서, 어쩌면 꽤 자유로운, 실험적인(?) 그림책이 되어 나올 것 같습니다.

**2025년에는 어떤 그림책들이 독자의 사랑을 받을까요?**

누가 아시면 좀 알려 주세요. 개인적인 바람인데, 예상과 달리, 의외의 그림책들이 사랑을 많이 받는 한 해가 되면 좋겠어요. 나만 좋아할 줄 알았는데 아니었네, 이런 느낌이요. 이런 책들이 독자들한테 많이 발견되면 좋겠어요.

**2025년에 계획하고 있는
출판사의 재미있는 프로젝트를 예고해 주세요.**

노석미 작가의 《먹이는 간소하게》가 저희 출판사에서 새로 꾸려져 나오고요. 그와 함께 신작 《안주는 화려하게》가 나올 예정입니다. 혼술과 여럿이술로 구분하여 술과 곁들임 안주, 사람들 이야기를 버무린 그림 에세이예요. 그림책과는 별도로 작가의 찐 생활이 담긴 에세이를 꾸준히 내고 싶은데, 마음처럼 쉽지가 않네요. 아마도 '갑자기' '문득' 낼 수 있을 것 같지만, 몇 작품 준비 중에 있습니다. 기대해 주세요.

**개인적으로 2025년에
꼭 출간되었으면 하는 그림책이 있나요?**

저희 출판사에서 준비하고 있는 그림책 3권, 이지현 작가의 《레스토랑 핑크(가제)》, 변영근 작가의 《버드와처(가제)》, 정승 작가의 《모래성 쌓는 공식(가제)》을 꼽고 싶습니다. 마음 같아서는 2025년 저희 출간 리스트의 그림책을 모두 언급하고 싶지만요. (불안 불안한 출간 일정) 잘 만들어서 선보이고 싶어요.

# 편집자

안녕하세요, 미래아이 편집부 김수희입니다. 미래아이는 도서출판 미래엠앤비의 어린이 책 브랜드예요. 그림책부터 동화, 지식 교양서까지 다양한 책을 출간하고 있죠. 그중에서도 그림책은 미래아이의 얼굴이라고 할 수 있어요. 미래 그림책 시리즈는 200번째 책 출간을 앞두고 있는 미래아이의 대표적인 그림책 시리즈로 첫 책이 나온 지 벌써 20년이 훌쩍 넘었답니다.

**2025년 준비 중인 그림책을 소개해 주세요.**

지금 출간 준비 중인 그림책은 빅토르 벨몬트의 《넌 어떻게 보이니?》입니다. 스페인어 그림책인데요. 똑같은 사물과 상황도 보는 이에 따라 다르게 보일 수 있다는 걸 재미있게 보여 주는 멋진 그림책이에요. 온 가족이 커다란 테이블에 둘러앉아 식사를 해요. 그런데 그 장면이 보는 사람에 따라 다 달라지는 거예요. 키가 작은 동생은 식탁이 아주 높아 보이고 눈이 나쁜 할머니는 모든 게 흐릿해 보이죠. 화자인 토마스는 색맹이어서 전부 다 남들과는 다른 색으로 보일 거고요. 같은 장면이 반복되는데 그림이 다 달라요. 현실을 인식하는 다양한 방법이 있다는 걸 보여 주는 거죠.

특이하게도 작가인 빅토르 벨몬트는 그 자신이 색맹이라고 해요. 아마 이 책의 화자인 토마스처럼 세상을 보겠죠. 저는 색맹은 아니지만, 이 책을 만들다가 문맹이 된 기분을 느껴 봤어요. 말씀드렸다시피 이 책은 원서가 스페인어인데요, 영어본을 중역했기 때문에 스페인어 원서는 제대로 들여다보지도 않았어요. 어차피 스페인어도 모르니까요. 하지만 판권란에는 원제를 넣어야 했어요. 그런데 스페인어 제목 중간에 물음표가 거꾸로 뒤집혀서 들어가 있는 거예요. '아니, 이건 뭐야?' 싶었죠. 그런데 알고 보니 스페인어에서는 거꾸로 된 물음표로 의문문을 시작한다고 해요. 의문문과 평서문을 명확히 구분하기 위해서라더군요. 스페인어를 아는 사람에게는 아주 자연스럽게 읽혔겠지만 스페인어 까막눈인 저는 사고 아닌가 할 정도로 무척 이상해 보였어요. 이 책이 말하는 것처럼 사람마다 다 다른 세상을 볼 수도 있다는 걸 다시 한 번 생각하게 됐어요. 언제나 믿고 맡기는 용희진 번역가님이 이 책의 역자 후기에서 이런 말을 남겼어요. '다름은 그 자체로 나를 드러내는 것이고, 다름을 알아 갈 때 우리는 깊이 이해하는 사람이 되고 그만큼 우리 세상은 넓어진다.'고요. 전적으로 동감해요.

책을 만들던 중에 한 가지 기쁜 소식이 들려왔는데, 이 책이 2024년 화이트 레이븐스 선정작이 되었다는 거예요. 화이트 레이븐스는 뮌헨 국제청소년도서관에서 매년 주목할 만한 아동, 청소년 신간 도서를 선정한 목록이에요. 음, 역시 좋은 책은 도서관에서 먼저 알아보는군 싶었답니다.

《넌 어떻게 보이니?》가 2025년에 한국에서 큰 사랑을 받길 바랍니다. (제발!)

**2025년에 계획하고 있는 출판사의 재미있는 프로젝트를 예고해 주세요.**

《오리건의 여행》 미니북을 준비 중이에요. 미니북은 손바닥 크기의 아주 작은 그림책이어서 일일이 수작업을 해야 하는데 깨물어 주고 싶을 만큼 귀엽답니다. 미니북 시리즈는 서점에서는 찾을 수 없고 도서전 등 행사 현장에서만 한정적으로 판매해요. 2025년 서울국제도서전에서 《오리건의 여행》 미니북을 만나 보실 수 있으니 기대해 주세요.

**개인적으로 2025년에 꼭 출간되었으면 하는 그림책이 있나요?**

아네테 멜레세 작가의 《키오스크》 새로운 이야기가 나왔으면 해요. 《키오스크》는 〈라키비움J 핑크〉에서도 소개해 주셨지요. 누구나 현실의 안정을 추구하면서도 새로운 세상과 모험을 꿈꾸잖아요. 삶의 터전인 키오스크와 함께 모험을 떠난 올가는 두 마리 토끼를 한꺼번에 잡은 셈이죠. 안정과 모험을 둘 다 가지고 싶은 마음을 대리 만족시켜 주는 새로운 이야기가 얼른 나왔으면 좋겠어요.

# 작가

안녕하세요? 그림책 작가 안녕달입니다. 2025년 봄, 창비에서 출간될 그림책을 소개합니다. 제목은 《별 이야기(가제)》입니다. 우리가 어릴 때 작은 생명도 소중하게 여기며 돌보던 마음이 환하게 담겨 있는 이야기로 여러분과 만났으면 해요.

**2025년 준비 중인 그림책을 소개해 주세요.**
곁에서 함께 오랫동안 시간을 보내며 위로가 되어 주는 존재를 그리는 작품입니다. 한 아이가 학교 끝나고 집에 돌아가는 길에 '별'을 사 오는 것으로 시작하는 이야기예요. '별'은 다 자라면 달만큼 커진다는 말에 엄마와 함께 정성껏 돌보는 모습이 이어집니다. 이번 이야기는 어릴 때 무언가를 키운 기억이 있는 다 자란 어른들이 보면 더 재미있어 할 것 같은 이야기예요. 그래서 어른들도 펼쳐 보고 싶게 디자인된 책으로 만들고 싶어서 어떻게 만들지 열심히 고민하고 있어요.

**현재 책의 진행 정도가 궁금해요.**
현재는 채색을 끝내고 제목을 고민하면서 본문 수정할 것들을 찬찬히 보고 있어요.

**가장 즐겁게 작업한 장면을 꼽아 주세요.**
주인공이 바닷가를 별과 함께 걸어 다니는 장면들이 나오는데 이 부분을 가장 즐겁게 그렸어요. 전에 제주도 작은 마을에서 한 달 동안 지낸 적이 있었는데 저 멀리 슈퍼를 가려고 바다 옆길을 걷고 있으면 물질을 하다 막 나온 해녀 분이 지금 몇 시 인지 물어보기도 하고, 또 어디에서는 해녀 분들이 다 같이 잡은 성게와 뿔소라를 손질하고 있기도 했어요. 매일 철썩대는 파도 소리를 들으면서 걸어 다녔던 그때 기억이 생각나서 바다 주변을 걷는 모습을 그릴 때 좋았어요.

**'별'을 살아 있는 것처럼 묘사한 것이라 흥미로운데요, 무엇을 상상하면서 별 캐릭터를 만드신 걸까요?**
병아리같이 작고 약한 존재로 생각하고 그렸어요. 아이가 따뜻한 보살핌이 필요한 작은 별과 함께 성장하는 모습을 그리고 싶었어요. 그런데 다 그리고 보니 별이 병아리보다는 말 없는 거북이 같아진 것 같아요.
별이 다 성장하면 다시 자신이 살던 하늘로 돌아가는데, 그런 면에서는 별이 함께 살았지만 언젠가 떠나보내야 하는 존재를 상징하기도 하는 것 같아요.

**처음 이야기를 떠올리게 된 계기가 궁금합니다.**
너무 오래전부터 가지고 있던 거라 잘 기억이 안 나는데, 사람들이 손 안에 반짝이는 별을 함께 보는 장면을 그린 적이 있는데 거기에서 시작되었던 것 같아요. 그 장면에서 이어지는 이야기를 짜다가 아이가 별을 키우면서 함께 자라는 이야기가 되었어요.

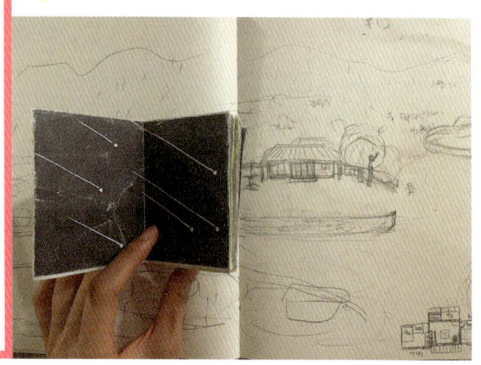

**작업하며 가장 어려웠던 순간과 기뻤던 순간을 들려주세요.**
가장 어려운 순간은 아직 안 왔어요. 저는 마감 때가 제일 정신도 없고 힘든데 아직 마감이 임박하지 않아서 괜찮아요. 기뻤던 순간은 콘티를 완성해서 편집자님에게 메일로 첨부해서 보내는데 보내기 버튼을 누른 그 순간이랑, 채색이 끝났을 때요. 완성까지 가는 단계 중 하나가 끝난 것뿐이지만 그 순간은 "우와 끝났다." 하는 해방감이 들어요.

**마감 때의 작가님 일상도 궁금해지는데요.**
마감할 때는 많이 바빠서 집에서 안 나가고 하루 종일 일해요. 아침에 일어나서 밥 먹고 일하고 점심 먹고 일하고 저녁 먹고 일하고. 자기 전까지 계속 앉아서 일하다 피곤하면 한 번씩 침대에 누워요. 그때쯤에는 이것저것 빨리 결정해야 하는 일이 많아서 늘 정신이 없어요. 제가 원래 청소하는 걸 별로 좋아하지 않는데 집에서 일할 때는 일하기 싫으니까 괜히 청소를 하곤 하거든요. 그런데 마감할 때는 산만해질 틈도 없어서 집이 엉망진창이 됩니다. 책상에 물건이 너무 많이 쌓여 있어서 양옆으로 밀치면서 일해야 돼요.

**책을 만드는 과정에서 인상 깊었던 에피소드를 들려주세요.**
이 이야기를 그리면서 주변 사람들과 어릴 때 키운 것에 대해 이야기를 해 본 적이 있어요. 제가 어릴 때는 문구점에서 토끼를 뽑기로 팔고 학교 앞에서 거북이와 병아리를 팔았어요. 쉽게 생명을 사 오던 시절이라 그 생명들의 결말도 좋지 않은 경우가 많았어요. 담당 편집자님에게 들은 이야기가 인상적이었어요. 어릴 때 키우던 병아리가 쑥쑥 자라 닭이 되었는데 공동 주택에서 다 큰 닭을 계속 키울 수 없었다고 해요. 그래서 아버지가 어쩔 수 없이 그 닭을 잡아서 어머니가 요리로 만들어 주었다고 하셨어요. 아이였던 편집자님은 너무 충격 받아서 그 닭 요리를 못 먹었다고요. 그 이야기를 듣는데 《빼떼기》라는 작품이 떠오르기도 했었어요.

**이번 작품에서 강조하고 싶은 것이 있나요?**
별이 환하게 빛나는 모습을 종이책 안에 아름답게 잘 구현해 보고 싶어요. 그리고 아이가 별생각 없이 사 온 생명을 결국 끝까지 맡아 키우는 엄마의 책임감 있는 모습도 잘 담겼으면 좋겠어요.

**출간 이후 계획이 궁금해요.**
아직 못 정했어요. 예전에 연달아 일해서 오래 못 쉬었을 때는 도망가야겠다면서 마감날 맞춰서 비행기 티켓을 사곤 했어요. 그런데 이번에는 제가 도망가고 싶을 만큼 힘들지 않아서 매일 "오늘 뭐 해 먹지?" 정도의 생각만 하고 있어요. 그래서 아직 별 계획이 없습니다.

"주인공이 바닷가를 별과 함께 걸어 다니는 장면들이 나오는데 이 부분을 가장 즐겁게 그렸어요."

# 번역가

안녕하세요? 제이픽의 편집자이자 《넌 충분히 멋져! (가제)》를 열심히 번역하고 있는 번역가 도은선입니다.

**이 책을 번역하게 된 계기가 궁금합니다.**

출판사가 번역할 그림책을 선정하는 과정은 다양합니다. 제이픽 출판사는 전은주 대표가 《영어 그림책의 기적》을 썼을 만큼 영어 그림책을 많이 보기 때문에 재미있게 읽다가 "이 책 우리가 번역해요!"라고 편집실로 뛰어오는 경우가 많고, 해외 신작을 소개해 주는 에이전시가 보내는 뉴스레터도 아주 열심히 들여다봅니다. 어떤 땐 뉴스레터를 보다가 하루가 휙 가 버리기도 해요.

《넌 충분히 멋져!》는 영국 옥스퍼드 출판사에서 신간을 소개하러 직접 한국에 온 적이 있는데요. 미팅 사무실에 잔뜩 쌓인 책 탑 중에서 대표님과 제가 보자마자 동시에 "꺅" 소리를 지른 책이랍니다. 고드프리가 알에서 올챙이가 되고, 끝내 개구리가 되는 이야기인데요. 개구리 한살이 책이야 많지만, 우리의 고드프리는 다릅니다.

"계속 변했으니까 또 변하겠지? 와! 나 이러다 세상에서 제일 멋져질지도?"

개구리에서 더 멋진 무언가가 되기를 계속 기다리거든요. 과연 고드프리는 무엇이 될까요? 이 책은 개구리의 한살이에서 나아가 개구리가 자신을 찾아가는 과정에 초점을 맞추고 있어요. 살다 보면 열심히 노력해도 눈에 보이는 변화가 없을 때가 있잖아요. 실망하기도 하지만 시간이 지나면서 비로소 내 마음이 성장하고 성숙했다는 걸 깨닫기도 합니다. 눈에 보이지 않는 마음의 성장이야말로 가장 중요한 변화라는 따뜻한 메시지를 아이들에게 전하고 싶어요.

**번역하면서 가장 인상적이었던 장면은 무엇인가요?**

"Godfrey is a frog." 이 문장은 원서에서는 제목이기도 하고, 책에서 여러 번 반복해서 나오는 문장이랍니다. '고드프리는 개구리'라는 단순한 문장이지만 여러 상황에서 다 다른 의미가 있답니다. "고드프리는 (그냥) 개구리야.", "고드프리는 (멋진) 개구리야!", "(나!) 고드프리는 개구리야! (다른 누군가가 아니야!)", "고드프리는 (마침내) 개구리야." 등 말이죠. 어떨 땐 고드프리가, 어떨 땐 이야기의 화자가 하는 말이에요. 우리 독자들이 이 문장을 고드프리의 감정 변화를 생각하며 음미하신다면 책의 매력을 더 깊이 느낄 수 있을 거라고 장담합니다!

제가 번역하면서 이 책에 나오는 이름들이 특별한 의미가 있지 않을까 찾아봤는데요. 고드프리는 '신의 평화', '신이 주신 평화'라는 뜻이래요. 영국과 프랑스, 독일 등 여러 나라에서 역사적으로 사랑받아 온 이름이라는데요. 고드프리처럼 내가 누구인지 알고, 자신을 발견하고 사랑할 때 비로소 평화가 찾아오는 게 아닐까요? 유럽에서 오래 사랑받아 온 이름인 만큼 《넌 충분히 멋져!》가 우리나라에서도 오래, 많이 사랑받으면 좋겠어요!

But it's okay. Godfrey can wait.

*Maybe the next change will just take a little longer,* he thinks.

He wonders what it might be.

(He hopes it's the magic horn that makes cake.)

But days pass. Then weeks.

And nothing happens.

You see . . .

Godfrey is a frog.

🌲 그림책 숲

# 브와포레 × 최정인 그림책

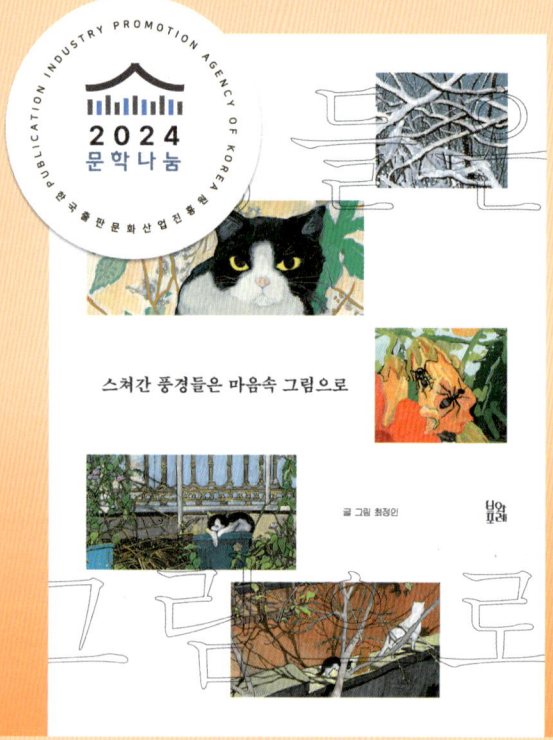

『스쳐간 풍경들은 마음속 그림으로』
그림 속에 스며든 고양이 가족의 삶 이야기

『작은 도자기 인형의 모험』
세상의 모든 존재에 대한 따뜻한 희망의 메시지

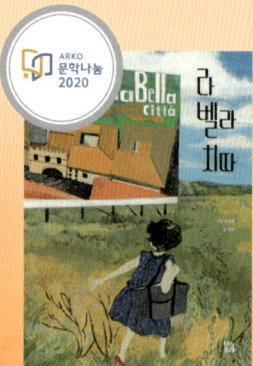

브와포레 네이버 스마트스토어에서
두 권 이상 구매 시 와펜 세트 증정 (한정 수량)

브와포레　전화 02-517-9630　이메일 boisforet99@gmail.com　인스타그램 @bforet00　웹사이트 boisforetmedia.com

# 책장 사이사이 숨어 있는 문학동네 그림책의
## 궁금한 맛, 단단한 맛, 흥겨운 맛

**모르는 게 없던 척척박사 후안에게 닥친
끝없는 시련과 고난에 대하여**
박연철 그림책

"이럴 수도 없고, 저럴 수도 없어!"
어느 날 갑자기 시작된 선택의 딜레마

이 책을 펼까 말까 고민하고 있나요?
그럼 당신도, 끝없는 딜레마의 세계에 들어설 준비가 되었습니다

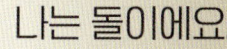 

**나는 돌이에요**
지우 그림책

"콩이 무럭무럭 자라고 새가 알을 깨고 날아가는 동안
나는 여기에 있어요."

다양한 재료와 스타일을 포개어 완성한
어제 오늘 그리고 내일, 겹겹의 역사

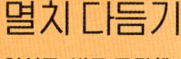

**멸치 다듬기**
이상교·밤코 그림책

"대가리 떼고 똥 빼고~ 대가리 떼고 똥 빼고~"
신나는 리듬으로 플레이되는 몸의 음악

최고의 우리 작가들이 정성껏 함께 지은
말끔한 웃음 한 그릇

www.munhak.com
문학동네

키워드로 보는 그림책 4

Editor – 전은주

# 시니어

"시니어들은 어떤 그림책에서도 자기 인생 이야기를 끌어내요. 원래 그림책은 마음을 툭 건드리는 부분이 있는데, 자기 인생을 돌아보는 시점에 있는 시니어가 그림책을 읽으면 자기 인생과 바로 연결이 되는 거죠. 과거에 비슷한 무슨 일이 있었는지, 그때 무슨 생각을 했는지 할 말이 너무너무 많습니다. 그런데 똑같은 그림책을 읽어도 사람마다 마음이 건드려지는 지점이 달라서, 다 다른 이야기를 해요. 너무 재미있죠. 그런데 그림책도 좋지만, 그림책을 계기로 이렇게 자기 이야기를 한다는 자체가 시니어에게는 너무나 중요합니다."

## 시니어, 그림책에서 인생을 읽다

《파리의 작은 인어》

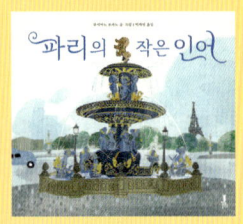

《파리의 작은 인어》
루시아노 로사노 글·그림,
박재연 옮김, 블루밍제이

필자가 어느 도서관에서 시니어를 대상으로 그림책 강의를 할 때였다. 바다로 가고 싶어 하는 인어 이야기 《파리의 작은 인어》를 읽는데, 함께 바다로 가자는 백조들에게 인어가 자기는 날 수 없다며 슬퍼하는 장면이 나왔다. 백조가 다 방법이 있다길래 얼른 페이지를 넘겼더니, 인어는 수십 개의 풍선을 한아름 쥐고 제힘으로 하늘을 날고 있었다. 내가 무심코 "저는 백조가 인어를 등에 태워줄 줄 알았어요."라고 하자, 강의를 듣던 시니어 한 분이 말했다.
"아이고. 한평생 살아도 내 문제 해결해 주는 사람 아무도 없었어요. 죽으나 사나 내가 해야지. 선생님이 아직 젊어서, 그런 기대를 하는 거라."
이어 옆에서 "누가 해 주면, 그게 다 빚이야."라는 소리가 들렸다. 그러자 또 다른 분이 "근데 나한테 아무도 안 해줬으니까, 나는 자꾸 남한테 해 주고 싶어요."라고 대꾸한다.
시니어와 그림책을 읽으면, 이렇게 중간에 불쑥 자기 얘기를 하는 경우가 종종 있다. 그러면 다른 누군가가 대답을 하고 주거니 받거니 금방 이야기판이 된다.
시니어 그림책 강의의 하이라이트는 이런 대화의 시간이다. 대화 속에 번번이 '아하!' 하는 순간이 있다. 오죽하면 필자가 '시니어 아하 모먼트'라고 이름을 붙였을까. 시니어 그림책 강의를 하면, 선생님은 나인데 늘 내가 더 배운다. 아무도 나를 도와주지 않으니, 나라도 돕고 싶다던 시니어가 한마디 덧붙였다.

"백조가 그래도 큰 도움 준거에요. 남들은 인어한테 멀고 험한 길 가지 말고 여기에 그냥 있으라고 하는데, 백조는 '다 방법이 있어.'라고 말해 줬잖아요. 나도 돈이 없어도 이런 도움은 얼마든지 줄 수 있어요. 넌 할 수 있다! 너 가고 싶은 데로 맘껏 가 봐라! 이렇게 말해 줄 거예요. 누구한테라도."

필자가 시니어와 함께 그림책을 읽을 때, 즐겨 고르는 책은 호무라 히로시가 쓰고, 사카이 고마코가 그린 《눈 깜짝할 사이》이다. 제목만 봐도 모두 공감한다. 인생만큼 '눈 깜짝할 사이'인 것이 있겠는가. 표지를 넘기면 눈을 감고 있는 소녀가 보인다. 맨 마지막 페이지엔 그 소녀가 눈을 뜨고 있다. 마치 본문의 모든 이야기가 다 눈 깜짝할 사이에 일어났다고 말하는 것 같다. 한 시니어가 말했다.
"저 그림이 진짜라. 내 나이가 70인데 모든 게 다 눈 깜짝할 사이에 일어났어요. 진작 좀 눈을 떴으면 얼마나 좋았을까요. 눈 감으면 코 베어 간다고 해서 정신 똑바로 차리고 눈 뜬다고 떴는데, 지금 보니 내가 바보처럼 눈 감고 살았더라고."
다른 분이 대답했다. "눈 감고 산 게 잘한 거예요. 눈 뜨고 살았어봐 그 세월을 어찌 건너왔을 거라? 몰랐으니 살았지, 눈 뜨고 다 알면서는 못 살았을 거예요. 이제 딱 좋은 때 눈 뜬 거예요."
내가 질문했다. "지금은 왜 눈 뜬 게 좋으세요?"라고 묻자, "이 나이 먹었으면 사는 게 무섭다고, 내 마음 편하자고 계속 눈 감고 모른 척하면 안 되니까요. 이 나이 먹으니까 뭣 때문에 내가 무서운지, 내가 어디에 겁먹었는지 똑바로 볼 정도 뱃심은 생긴 거 같아요."라고 대답한다. 그러자 다른 분이 "에유, 지금은 눈 감고 지내면 안 돼. 우리 나이에 넘어지면 크게 다쳐요. 뼈 부러지고 자리에 누워서 누구 고생 시키려고? 눈 딱 뜨고 안 넘어지게 조심조심 다녀야죠."라며 대화를 마무리했다.

시니어의 그림책에 대한 한마디는 금세 자기 인생 이야기로 흘러간다. 때로는 그림책에서 한참 벗어나기도 한다. 시니어 그림책 강의를 하는 강사의 자질은 어쩌면 이 이야기 시간을 어떻게 조절하는가에 달렸을지도 모르겠다. 주제에서 너무 벗어나도 안 되고, 무엇보다 몇몇 사람만 지나치게 오래 이야기하지 않도록 분위기를 잘 만들어야 하니까 말이다.
"시니어들이 마음껏 자기 얘기를 할 수 있도록 시니어 그림책 모임이 더 더 더 많이 있으면 좋겠어요."
인천 늘푸른어린이도서관 박소희 관장의 말이다. 박소희 관장이 위원으로 있는 북스타트 코리아는 주로 영유아와 어린이를 대상으로 '그림책 꾸러미'를 배포하고 양육자에게 독서 교육을 해 왔는데, 이제 적용 대상을 넓혔다. '시니어 북스타트' 프로그램을 시작한 것이다. 박 관장은 아이들 못지않게 시니어에게도 그림책이 유익한 독서 매체임을 강조한다.
"시니어들은 어떤 그림책에서도 자기 인생 이야기를 끌어내요. 원래 그림책은 마음을 툭 건드리는 부분이 있는데, 자기 인생을 돌아보는 시점에 있는 시니어가 그림책을 읽으면 자기 인생과 바로 연결이 되는 거죠. 과거에 비슷한 무슨 일이 있었는지,

《눈 깜짝할 사이》

《눈 깜짝할 사이》
호무라 히로시 글, 사카이 고마코 그림, 엄혜숙 옮김, 길벗스쿨

그때 무슨 생각을 했는지 할 말이 너무너무 많습니다. 그런데 똑같은 그림책을 읽어도 사람마다 마음이 건드려지는 지점이 달라서, 다 다른 이야기를 해요. 너무 재미있죠. 그런데 그림책도 좋지만, 그림책을 계기로 이렇게 자기 이야기를 한다는 자체가 시니어에게는 너무나 중요합니다."

육아와 직장 생활에서 은퇴한 시니어에게는 점점 사회적 발언을 할 기회가 사라지기 때문이다. 누군가를 돌보다가 돌볼 대상이 되어 가는 시기를 거치는 동안 많은 시니어들이 자존감이 낮아지는 것을 경험한다. 이렇게 사회생활이 위축되는 시기에 자신의 이야기를 하고, 지지받는 경험은 그 자체로 시니어에게 매우 긍정적인 영향을 미친다. 그런 경험을 지속적으로 할 수 있는 공동체가 있어 소속되는 것은 그 효과를 두 배, 세 배로 만든다. 시니어가 마음속에 쌓인 이야기를 하면서 삶을 돌아보고 정리하기에, 새로운 기쁨과 힘을 얻기에 도서관 등 사회 기관에 마련된 독서 모임은 최고의 시간이다.

다행히 최근 시니어 그림책 독자에 대한 관심이 폭발하고 있다. 아예 시니어 독자를 겨냥한 출판사인 '백화만발'(온갖 꽃들이 '늦게' 피어나다)이 생겼는가 하면, 책 모임들도 연달아 만들어지고 있다. 북스타트 코리아의 '시니어 북스타트' 프로그램을 비롯하여, 다산북스의 시니어 지식교양 브랜드 리더스원은 '시니어 북 리스타트(Book re-start)', 말 그대로 그림책으로 독서를 다시 시작하자는 프로젝트를 런칭해 전국 도서관의 관심을 끌고 있다. 도서관에서 자체적인 시니어 그림책 프로그램을 여는 경우도 흔하다. '시니어 북리스타트' 프로그램의 책임 강사인 국제그림책큐브교육협회 박소현 대표 역시 똑같은 그림책을 읽어도 모임을 만들어 읽으면 더 좋다고 말한다. "시니어가 모임에서 그림책을 읽으면, 혼자 읽었을 때는 그냥 지나칠 수 있는 부분도 함께 보고 이야기한다는 게 가장 큰 장점이에요. 책과도 대화하고, 다른 사람과도 대화하는 시간이니까요. 함께 그림책을 읽고 활동을 하면서 나의 삶을 되돌아보고 내일을 살아갈 힘을 얻을 수 있습니다."

시니어의 독서 모임에 구태여 그림책을 추천하는 이유는 무엇일까? 박소현 대표의 말이다.
"그림책은 독서에 익숙하지 않은 사람에게도 흥미를 일으켜요. 일단 아름답고, 누구든지 이해할 수 있거든요. 어쨌든 그림책은 어린이들을 위한 책이잖아요. 심오한 주제도 어린이가 이해할 수 있게 그려져 있기 때문에 '역시 독서는 어려워.' 이런 마음이 안 들거든요. 그림책을 이해하는 데는 학벌이나 사회의 지위 고하에 크게 영향 받지 않습니다. 그러면서도 비판적인 사고 능력과 어휘력을 눈에 띄게 향상시킵니다. 저는 시니어 독자에게서 그림책이 이렇게 재미있는지 몰랐다는 말을 들을 때 가장 큰 보람을 느껴요. 그림책이 시니어 독자와 만났을 때 탄생하는 풍부한 해석과 따뜻한 감동을 다른 분들과도 나누고 싶습니다."
그림책을 보면서 독자는 부지런히 이미지와 글을 연결한다. 그림책은 겉보기엔 단순한 형식이지만 독자가 추리하고 이어야 하는 부분이 많다. 글과 그림을 함께 읽어내고 글이 하지 않는 이야기를 그림에서 찾아내거나, 글과 반대되는 그림을 보며 진짜 이야기를 찾아내는 등의 그림책 독서는 쉽지만은 않다. 시니어 독자에게 도전 의식을 갖게 하기 충분하다. 그리고 이런 독서 경험이 반복되면서 점점 더 뛰어난 독해 능력을 갖추게 된다.
또 하나 그림책의 강력한 매력 요소는 바로 글자가 커서 읽기 편하다는 것! 노안이 와서 꼭 읽어야 하는 글자 외엔 읽고 싶지 않아진 시니어에게도 그림책은 통한다. 눈은 아프지만 독서는 하고 싶다면? 상대적으로 글자가 클뿐더러 글자 수는 적고, 그림이 많아 부담 없이 볼 수 있는 그림책이 답이다. 더구나 그림책은 몇 시간이나 어렵게 집중해서 읽지 않아도 된다. 어지간한 그림책은 10분 안팎이면 다 읽을 수 있다. 특히 '북클럽'을 하는 경우에 그림책은 더욱더 인기가 좋다. 책을 읽지 않아서 토론을 따라가지 못하는 경우는 없기 때문이다. 그런데도 재미와 감동은 크다. 어느 미술 작품 못지않게 아름다운 그림과 시 같기도 하고, 소설 같기도 한 글이 어우러져 그림책은 특별한 예술 체험을 하게 만든다. 표지를 넘기면 시작하는 한 편의 영화나 연극 같기

도 하다. 그야말로 그동안 하지 않았거나, 육아와 사회생활로 미뤄왔던 독서를 다시 '리스타트'하기 제격인 것이다. 실제 시니어 그림책 독자의 숫자가 눈에 띄게 늘고 있다. 그림책 작가의 북토크에 어린이 못지않게 시니어의 참여율이 높은가 하면, 교보문고에 따르면 그림책 구매자 가운데 50대 이상의 비율은 2013년 4.6%에서 2023년에는 10.8%로 늘었다.

그림책을 일컬어 '새로운 세상을 바라볼 수 있는 창문이자, 나를 발견하는 거울'이라고 한다. 독자는 그림책에서 나와 비슷한 주인공과 상황을 보면서 공감할 수도 있고, 매혹적인 이야기 덕분에 새로운 장소로 이동하고 만날 일 없는 타인과 낯선 문화를 가급적 거부감 없이 접하게 된다. 어쩌면 한껏 낯선 것에 공감하고 즐길지도 모른다. 어린이는 물론 시니어 독자에게도 새로운 것을 접하게 하는 통로로서 그림책의 역할은 매우 소중하다. 재미있는 스토리의 힘을 빌려 굳어 가는 머리와 마음에 말랑함을 더해 주고, 때로는 깨뜨려 버리기 때문이다. 카프카의 말마따나 '책은 얼어붙은 내 안의 바다를 깨는 도끼'라고 하지 않았던가. 시니어는 그림책 독서를 통해 나와 다른 입장, 나와 다른 세대, 문화권의 사람을 이해하게 된다. 역사, 과학, 사회, 문화적 전통 등 타인을 이해할 수 있는 배경 지식도 그림책이 알아서 챙겨 준다. 이렇게 그림책을 통해 나와 다른 사람을 이해하는 경험을 쌓다 보면 시니어에게 고정관념이 잔뜩 생길 만큼 익숙하면서도 급속도로 변하는 세상에 적응할 수 있는 진짜 능력이 되는 것이다. 시니어 독자에게 그림책은 단순한 오락을 넘어, 이제는 끝난 줄 알았던 성장과 배움의 기회이다. 모쪼록 도서관과 각 기관에서 시니어가 그림책을 만나고 즐길 수 있는 자리가 더 많이 생기면 좋겠다. 더 많은 시니어가 그림책을 만남으로써 치매를 방지하고, 사회 적응력이 뛰어나며 노년 삶의 질을 높일 수 있다면 사회로서도 해 볼 만한 투자가 아닐까?
도서관 등 공공 기관에서 주최한 북클럽, 강의에 온 시니어 그림책 독자에게 어떻게 참여하게 되었냐고 물어보면 빠지지 않는 대답이 있다. "딸이 신청해 줬어요.", "자식이 가 보라고 했어요." 이제 신청을 해 준 세대와 시니어가 함께 그림책을 읽을 수 있으면 좋겠다.

박혜선 독자 인터뷰
# "막걸리 심부름 갔다가 한입 몰래 먹었죠."

49년생 박해선,
손으로 사부작거리는 걸 좋아하고,
글쓰기와 컬러링, 그림책 보기를 즐겨한다.

◆
**그림책을 자주 읽으신다고 들었는데, 어떻게 그림책을 만나게 되셨어요?**
손주가 워낙 그림책을 좋아해요. 손주에게 책을 읽어 주면서 "이거 재밌네." 했는데, 어느 날 보니까 도서관에서 할머니 할아버지를 위해서 따로 그림책을 읽어 준다는 거예요. 시니어 그림책 프로그램이 있다고 해서 얼른 신청을 해 봤어요. 우리 딸이 책을 좋아해서 도서관 프로그램 같은 데 자기도 다니고 손주 데리고 다니거든요. 그래서 도서관 프로그램이 좋은 줄은 알았는데 내가 직접 프로그램에 참여하니까 또 다르더라고요. 제천에 있는 내 보물 1호, 도서관 관장님께 수업을 들었고 너무 좋았습니다.

◆◆
**그림책은 아이들이 보는 책이라고 생각하는 분들께 한마디!**
그림책은 꼭 아이들이 보는 책은 아니라고 생각해요. 어른이 읽고 감동을 받기도 하고 마음에 닿는 구절도 있으니까요. 그림책은 딱딱하지 않고 부드럽게 읽는 책이죠. 우리 어려서는 그런 그림책이 없었잖아요. 어쩌다 책이 하나 생기면 책이 너덜너덜할 때 까지 읽었죠. 그리고 친구들이랑 돌려서 보고 그땐 그랬지…. 도서관에서 그림책을 읽어 주는데 너무 재미있어서 사고 싶더라고요. 근데 어른이 그림책 본다고 애들처럼 그런 거 보냐고 하죠. 그러면, 이 나이에 그림책을 보면 어릴 적 경험했던 것도 생각나고 그래서 더 좋다고 이야기해요.

◆◆◆
**어느 그림책을 제일 좋아하세요?**
이춘희 글, 김정선 그림의 《막걸리 심부름》이요. 옛날 한동네에 하나 있던 슈퍼에 막걸리 심부름 갔던 어린 시절도 생각나고요. 사 오면서 애들끼리 몰래 너도 한 모금 나도 한 모금 먹던 모습이 우습기도 하고요. 이제 생각하니 심부름 다녀오는 아이들이 술 주전자가 얼마나 무거웠을까 싶어요. 그래서 한 입 두 입 먹었을까 싶더라고요.

박소희(인천 늘푸른도서관 관장. 북스타트 코리아 선정위원) 관장 추천,
# 시니어 그림책 모임에서 인기 만점 그림책 5

### 할머니의 뜰에서

조던 스콧 글, 시드니 스미스 그림,
김지은 옮김, 책읽는곰

할머니는 손주에게 자기가 아는 것을 몸으로 가르쳐 줍니다. 땅을 기름지게 만들어 주는 지렁이를 소중하게 여기라는 것을 비 오는 날 지렁이를 정성껏 모으는 것으로 보여 주죠. 지렁이의 유익에 대해서 길게 설명하지 않아요. 할머니가 손바닥에 간질간질하는 몸짓으로 가르쳐 준 것을 손주가 배워서 나중에 할머니가 함께하지 않을 때도 똑같이 합니다. 할머니가 자기를 보살펴 준 것처럼 할머니를 보살펴 주고요. 세대 간에 사랑이, 지혜가 어떻게 전달되는지 보여 주는 이 책을 통해서 시니어는 자부심과 위로를 얻어요.

### 100 인생 그림책

이 책이 나이마다 그 나이에 알게 된 것이 한 문장씩 있는 구성이잖아요. 저는 시니어 그림책 모임에서 이 책을 볼 때면 자기 나이 페이지를 펼쳐 보고 그 나이에 뭘 배웠는지 해당하는 문장을 직접 읽어 달라고 해요. 그러면, 참 희한하죠? 다들 자기도 그때 그런 생각을 했대요. 독일 작가가 썼는데, 우리가 한국 인생살이에서 배운 거랑 어찌 그리 비슷한가 몰라요. 이 책 읽을 땐 나이마다 뭐 했는지 '내 인생 연표 만들기' 활동을 하면 반응이 좋아요.

하이케 팔러 글, 발레리오 비달리 그림, 김서정 옮김, 사계절

### 대추 한 알

장석주 글, 유리 그림, 이야기꽃

'저게 저절로 붉어질 리는 없다 저 안에 태풍 몇 개 저 안에 천둥 몇 개….' 그냥 시는 외우기 힘들어도 시 그림책을 읽으면 시 한 편이 뚝딱 외워져요. 그림이 있으니까 이미지가 머리에 잘 남아서 떠올리기 좋거든요. 시니어들이 시를 외우면서 얼마나 좋아하는지 몰라요. 유리 작가의 그림은 또 얼마나 힘이 있나요. 대추 한 알에 정말 일 년 사계절, 우리 평생이 다 들어 있어요. 이외에도 《비에도 지지 않고》, 《넉 점 반》 이런 시 그림책은 그림도 좋고, 시도 좋아서 독서의 기쁨을 한껏 느낄 수 있어요.

### 할아버지의 시계

할아버지가 태어난 날, 시계를 샀대요. 자랄 때도 재깍재깍, 결혼할 때도 매 순간 함께 했겠죠? 얼마나 귀했는지 하늘에는 별이 반짝반짝, 마루에는 시계가 반짝반짝했대요. 할아버지는 태엽 감는 것을 아무에게도 시키지 않고 다 직접 할 만큼 이 시계를 소중히 여깁니다. 저는 시니어 그림책 모임에서 이 그림책을 읽어 주기 전에 미리 숙제를 내요. '자식에게 남겨 주고 싶은 것을 가져오세요.' 하고요. 그럼 사진도 가져오시고, 물려받은 시계도 가져오시죠. 한 사람의 인생 이야기가 통째로 와요. 내가 후손에게 무엇을 남기고 싶은가 생각하다 보면 내가 무엇을 제일 염두에 두고 살았나 나에게 소중한 게 뭔가 깊이 생각하게 되죠. 물려주고 싶은 건, 내가 기억하고 싶은 것이에요.

윤재인 글, 홍성찬 그림, 느림보

### 꽃 심는 닭 이야기

박송자 글·그림,
사단법인그림책미술관시민모임

부여 송정 마을에 사는 스물세 명의 할머니와 할아버지들이 자기 삶을 그림책으로 만들었어요. 평균 나이가 자그마치 82세! 이걸 보러 전국에서 왔죠. 이제는 부여 송정을 보고 그림책 마을이라고 불러요. 박송자 할머니는 술을 많이 먹고 평생 속을 끓이던 남편 이야기를 썼어요. 술만 좋아하더니, 이제는 꽃도 예쁘게 잘 키우는 할아버지가 이제 와서 할머니에게 그런대요. "나 겉은 사람헌티 어찌 왔는가. 항시 고마우이." 이런 책은 시니어 독자들의 마음을 확 열어요. 자기 삶이 바로 떠오르는 거거든요. '우리 남편도 이랬다저랬다.' 하면서요. 이 책은 읽으면 다들 자기 인생 얘기를 하느라 바빠져요. 이 책은 일반 서점에서 구입할 수는 없지만, 이렇게 할머니 할아버지의 삶을 직접 그린 책들은 대부분 시니어 독자에게 반응이 좋답니다.

《날아라, 메리!》

키위북스 인물그림책 ❶

## "페달을 밟고, 균형을 잡고, 앞으로앞으로!"
## 자전거 타는 여자, 애니의 세계를 향한 무한 도전!

★★★
한우리열린교육
추천도서
★★★

여성이 바지를 입는다는 것을 상상할 수도 없던 시절,
여성에 대한 수많은 금기와 편견에 도전한 여성, 애니 런던데리.
애니는 아내이자 엄마의 삶에서 나아가 자전거 여행자가 되기로
결심하고는 헐렁한 바지로 갈아입고 자전거에 올라탔어요.
강도를 만나고, 부상을 당하고, 자전거를 빼앗기고, 비난의 시선을
받으면서도 그녀는 결코 페달을 멈추지 않았어요.
그리고 약속한 대로 세계 일주를 마치고 당당히 돌아왔지요.
여성도 마음먹은 것은 무엇이든 할 수 있다는 것을
멋지게 증명한 애니의 멈추지 않는 도전 속으로
함께 달려가 보아요!

글 비비안 커크필드   그림 앨리슨 제이   옮김 한성희

#인물그림책 #여성 #평등 #도전 #자신감 #용기 #자전거 #모험 #세계일주

---

키위북스 인물그림책 ❷

## "한계를 뚫고 보다 높게, 보다 멀리!"
## 열기구 타는 여자, 메리의 하늘을 향한 무한 비행!

★★★
2025
미국과학교사협회&
어린이도서협회 선정
최고의 STEM 도서
★★★

결혼을 하고, 아이를 낳고, 집안일을 하며 아내로서 엄마로서
하는 일들만이 여자가 해야 할 일의 전부인 것처럼 여기던 1850년대.
여성이라는 한계와 사회적인 제약을 극복하며 끊임없이 도전했던 메리!
꿈을 펼치기 위해서라면 모험과 위험 속에 뛰어들기를
주저하지 않았던 카를로타!
꿈을 향해 용감하게 나아가고, 마침내 꿈꾸었던 일들을 이뤄 낸
열기구 비행사이자 과학자인 메리 혹은 카를로타의
눈부신 성장과 도전을 향해 함께 날아올라 볼까요?

글   수간츠 슈미트
그림  이아코포 브루노
옮김  한성희

#인물그림책 #여성 #열기구 #비행사 #도전 #성장 #꿈 #자신감 #용기 #STEM #융합

전화 031)976-8235   메일 kiwibooks7@gmail.com   인스타그램 kiwibooks7

2024년 내 마음을 사로잡은

# 단 한 권의 그림책

송미경

**《판판판 포피포피 판판판》**
제레미 모로 글·그림, 이나무 옮김, 웅진주니어

무의식을 따라 펼쳐지는 글과 그림의 서사는 묵직한 역동과 한없는 고요를 동시에 경험케 한다. 내가 어린 시절로 돌아간다면 동생과 나란히 앉아 노래를 부르며 읽고 싶은 그림책이다.

《돌 씹어 먹는 아이》, 《가정 통신문 소동》, 《안개 숲을 지날 때》 등 동화 작가

이시내

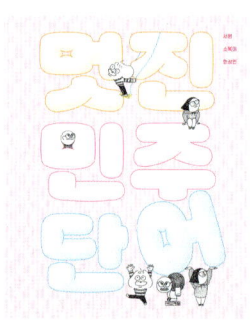

**《멋진 민주 단어》**
서현, 소복이, 한성민 글·그림, 사계절

계엄 선포 뒤 불안에 지새우다 《멋진 민주 단어》를 챙겼다. 어떻게 읽을까 고민하는데 교실 문이 열리며 "전쟁 나요?", "학교 나와요?", "계엄이 뭐예요?" 질문이 쏟아졌다. 상황 설명 뒤 최우선으로 지켜야 할 가치와 이유를 나누며 그림책을 읽었다. "맞아! 중요해!", "애들도 아는 걸 왜 모르지?" 아이들 목소리 앞에서 부끄러운 어른이었다. "걱정하지 마. 어른들이 꼭 해결할게." 약속했다. 더 이상 어린이에게 부끄럽지 않은 사회가 되길. 이 그림책만 읽어도 덜하겠구만!

《초등학생이 좋아하는 동화책 200》 저자, 《라키비움J》 기자

권정혁

**《커다란 집》**
박혜선 글, 이수연 그림, 한솔수북

아이와 읽기 전 먼저 읽다가 펑펑 울었던 그림책. 커다란 집을 갖기 위해 기계처럼 살아가는 곰이 제 모습 같았어요. 커다란 집을 가졌지만 어딘지 모르게 공허하다는 곰처럼 살아가면서 뭐가 더 소중한지 한 번 더 생각하게 합니다. 자신을 돌볼 시간, 나와 함께 하는 사람들과 눈 맞추는 시간들 모두요.
그림책을 읽고 제 마음의 커다란 집을 지어 봅니다.

인천 영선초등학교 초등돌봄전담사

조수진

**《돌랑돌랑 여름》**
국지승 글·그림, 달달북스

남쪽 끝 섬으로 여행을 떠난 코끼리 가족을 따라가 보면, 오래된 숲 향이 나고, 햇빛에 반짝이는 제주 바다가 보인다.
시원하고 달콤한 지난여름의 바람이 불어온다. 다정한 코끼리 가족의 웃음소리가 들려온다. 돌랑돌랑 여름, 돌랑돌랑 내 마음.

《위대한 완두콩》, 《경복궁 친구들》, 《거울책》 저자, 그림책 작가

### 《내가 있어요》
**김효은 글·그림, 창비**

> 전은주

아기용 사물 그림책을 보면서 울기는 또 처음이네.
이건 해, 이건 구름, 이건 무지개. 보통 이렇게 알려 주는데 이 책은 "해 아래 구름 아래 무지개 아래~ 엄마 아래 내가 있어요"라고 말한다. 우리는 그냥 여기 있는 존재들이 아니다. 이곳에 있기 위해서 위에서부터 한참 왔고, "할아버지 옆에 도토리 옆에 나뭇가지 옆에…." 옆으로도 한참 와서 마침내 여기 있게 된, 귀하고 귀한 존재들이다. 그래서 나는 나만 보면 안 된다. 옆도 보고 위도, 아래도 봐야 한다. 결국 내 아이에게 그림책으로 말해 주고 싶은 것도 이것이다. 너는 마침내, 드디어 존재하는 귀하고 유일한 사람이란다. 사랑받기 위해 태어났으니, 너도 사랑하며 살아가렴. 사랑한다.

《웰컴투 그림책 육아》, 《영어 그림책의 기적》 저자,
〈라키비움J〉 발행인

---

> 명정은

### 《아니사우루스》
**노인경 글·그림, 책읽는곰**

"아니!", "싫어!" 영유아기 아이들의 청개구리 같은 모습을 보면 이 그림책이 떠오른다. 《아니사우루스》는 어디로 튈지 모르는 영유아기 아이들의 천연덕스러운 모습을 담고 있다. 세상에 태어나 아기였던 아이가 어느새 자라나 말을 하고, 자아가 싹트면서 자기주장을 하면서 부모들은 한 번씩 뒷목을 잡았던 경험이 있을 것이다. 아이들도 자라는 과정이지만, 존중받기보다 혼나기 일쑤인 일들이 더 많을지도 모른다. 이 그림책을 통해 영유아기 아이들의 성장을 응원하고 싶다.

《육아, 처음이라 어렵지만 괜찮아》 저자, 서울 공립유치원 교사

---

> 문은영

### 《마음은 어디에》
**이수영 글, 김선진 그림, 그림책공작소**

어린이의 질문에 툭툭 내뱉던 말 위로 새삼 물음표가 찍힐 때가 있다. 엄마가 일하러 간 주말 아침 동수는 마음이 이상하다. 뭔가 빠져나간 거 같다. 동수는 동네를 돌며 마음을 찾는다. "마음은 어디에 있지?" 동네 여기저기를 동수와 다니며 묻다 보면 뭔가 빠져나간 마음이 함께 채워진다. 마음이 간질간질한 날도 있고, 바람 빠진 풍선이 되는 날도 있다. 마음은 매일 요동치지만 마음을 들여다보는 건 왜 이리 어려운지 모르겠다. 동수의 맑은 물음과 다정하게 대답을 건네는 동네 사람들 덕에 나도 내 마음이 어디에 있는지 나에게 물어본다.

어린이 프로젝트 클럽 '퍼들점프' 대표

오현수

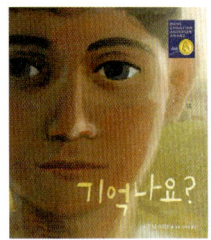

《기억나요?》
**시드니 스미스 글·그림, 책읽는곰**

《기억나요?》는 읽는 이에게 아련함과 희망을 동시에 선물한다. 서로의 체온에 의지하며 보냈던 인생의 가장 어두운 밤. 아들은 그날의 아침 햇살을 엄마에게 "기억나요?"라는 마법의 주문에 담아 전해 준다. 함께 했던 시간을 아이들이 기억이나 할까 싶지만 잊힌 기억은 비슷한 장소에서, 때론 그림책 한 페이지에 소환되어 그날의 온도, 냄새와 함께 상기되기도, 때론 새로운 기억으로 이식되기도 한다. 지금 우리가 해야 할 일은 현재를 충실히 채워가는 일. 현재는 미래를 위한 선물이니까.

《라키비움J》 기자

김지혜

《울프 – 저 높은 곳의 늑대에게》
**아누크 부아로베르, 루이 리고 글·그림, 박다솔 옮김, 보림**

울프라는 친구가 자신과 동일한 이름을 가진 동물을 찾는 여정을 그린 책이예요. 설렘, 기대감, 막연함 그리고 눈앞에 잡힐 듯 묘사한 풍경이 아름답게 어우러진 팝업북입니다. 작은 빛에 의지해서 보면 종이의 단면이 웅장한 산맥이 되는 마법을 보실 수 있답니다.

《매일, 살림》 저자, 그림책 작가

표유진

《안개 숲을 지날 때》
**송미경 글, 장선환 그림, 봄볕**

누군가 청소년을 위한 그림책을 추천해 달라고 하면 항상 망설이곤 했었는데, 몇 번이고 곱씹어 읽고, 보고, 멈추고, 생각했던 이 책을 만난 덕분에 이제 자신 있게 그림책을 추천할 수 있게 되었다. 혼란스런 사춘기를 이토록 환상적인 시공간으로 표현할 수 있다니! 안개 숲을 혼자서 헤쳐나가야 하는 연이와 연이를 굳은 믿음으로 지켜보는 안내자들의 이야기를 대한민국의 모든 청소년들과 함께하고 싶다.

《엄마의 어휘력》 저자, 《라키비움J》 편집장

이봄

《셀프 러브 클럽》
**이혜수 글·그림, 노지양 옮김, 후즈갓마이테일**

우리가 인간으로 태어난 이유가 자신을 온전히 사랑하기 위해서라는 걸 일깨워 주는 사랑스러운 카툰 에세이. 그림책이라 해도 무관할 것 같다. 시각적 즐거움을 주는 다채로운 화면 구성과 화려한 색조합이 재밌다. 나를 사랑하는 구체적인 방법이 위트있게 펼쳐진다. 무엇보다 자신의 부족하고 못난 부분을 솔직하게 털어놓고, 그것을 긍정하며 수용하는 밝은 태도가 감동적이다.

《영화, 여자를 말하다》, 《40에는 긴 머리》 저자

○ 김민경 어린이

**《거꾸로 토끼끼토》**
보람 글·그림, 길벗어린이

녕안? 워마고! 기라바해. 이게 무슨 말인지 아시나요? 바로 토끼끼토의 거꾸로 단어들이에요. 새 신발을 선물 받은 토끼는 신발이 더러워질까봐 귀로 걷기 시작했어요. 귀로 걷는 토끼라니 정말 웃기죠? 괴물 토끼라며 친구들이 놀렸지만, 끼토가 되어 거꾸로 보는 세상은 정말 재미있었지요. 그러다 끼토가 꽈당 돌에 걸려 넘어졌어요. 그때 마음이 통하는 친구를 만나 넘어지지 않고 신발을 구할 새로운 방법을 찾았지요. 어떤 방법인지 궁금하지 않나요? 이 책은 보기만 해도 웃음이 날 거예요. 그리고 끼토의 노래도 따라 불러 보는 거 잊지 마세요!

사르르 그림책방 꼬마 사장

○ 강시윤, 공규빈 어린이

**《지렁이의 코딱지》**
지승희 글·그림, 노란상상

이 책은 '지'로 시작하고 '지'로 끝나는 말을 연결해서 이야기로 만든 책이에요. 특히 모든 내용에 코딱지가 들어가요. 아주 많이 웃기고 상상도 못할 문장이 많아요. 이야기 말고도 그림도 재밌기 때문에 꼭 읽으시라고 추천하고 싶어요. (시윤)

말놀이가 정말 재미있어요. 지하철을 탄 코딱지! 지각 대장 코딱지! 어때요? 정말 재미있죠? 제가 진짜 재미있게 읽은 그림책이랍니다. (규빈)

어린이 신문 〈바람소리〉 어린이 기자단

○ 천신애

한 해가 지나갈 즈음엔 많은 이들이 올 해도 수고했다며 서로를 다독인다. 2024년 연말에 이 그림책을 만난 후 그림책의 이야기를 빌어 나에게도 '대단하다, 잘했다'고 말해 주며 상을 주었다. 하루의 끝에, 오늘도 잘(그렇지 못했더라도) 살아낸 우리 모두에게 읽어 주고 싶은 그림책!
나는 나에게 '잘한다 정보 찾기 상'을 주고 싶다. 내용은 이렇다.
'매일매일 즐겁게(★중요) 그림책 관련 정보를 찾아서 사람들에게 알려주는 나에게 이 상을 줍니다.'

〈꼬맹이 언니네〉 대표

○ 이미래

**《나에게 주는 상》**
이숙현 글, 안소민 그림, 호랑이꿈

뜨거운 여름에 만난 초등학교 2학년 아이들과 함께 매주 토요일마다 그림책을 읽었다. 그 시간만큼은 '느린학습자'라는 단어가 옅어졌다. 아이들은 학기말이 되면서 학업으로 인한 부담감이 커지고, 또래 관계에서 위축을 느꼈다. 그 무렵 만난 《나에게 주는 상》. 수건을 잘 개서, '수건 개기 상', 절기를 잘 외워서, '절기 상', 그림을 잘 그려서, '그림 그리기 상'. 아이들이 자신에게 준 상은 토요일의 그림책 읽는 교실에 온기와 자신감을 더해 주었다. 꼭 연말이 아니더라도 이러한 시간을 자주 만들어야겠노라 다짐했다.

《조용한 엄마를 위한 말자극》 저자, 언어치료사

# 제2회 창비그림책상 대상 수상작

"우리 그림책이 확보하는
또 하나의 미학적 영역"

### 자유와 평화를 향한 아름다운 비상

새하얀 눈밭을 함부로 짓이기는 군홧발보다 강인한 힘은 어디에서 올까. 나는 이 아름다운 그림책을 읽으며 알록달록한 새의 발자국을 가만히 따라갔을 뿐인데, 마지막 장을 덮을 즈음엔 그 답을 알 수 있을 것만 같았다.
**백수린**(소설가)

책장을 넘기면 다짐하게 됩니다. 언제든 기꺼이 함께 날아오르겠다고요. 지금보다 더 자유롭고 평화로우며 아름다운 세상을 위해서요.
**김준호**(안산 신길중 교사, 그림책사랑교사모임 대표)

### 새처럼
포푸라기 그림책

---

**끔뻑끔뻑, 배시시, 뿡, 와하하
어린이의 마음이 활짝 열리는 이야기**

### 홀짝홀짝 호로록
손소영 그림책

사랑스러운 캐릭터들이 부드럽게 이야기를 끌고 가는 마시멜로 같은 작품. 심사평

타이포그래피가 인물의 표정·몸짓과 조화를 이루는 그림책. 이시내(『라키비움J』 기자)

---

**"파도가 춤추는 곳, 멀고 먼 바다 끝까지.
아빠를 따라 넓은 세상으로 나갈 거예요."**

### 아빠, 나의 바다
이경아 그림책

신선하면서도 천진한 그림체가 매력적이다. 자신의 길을 찾아 가는 여자 어린이 주인공은 오래 기억에 남을 것이다. 심사평

아빠를 그리워하는 주인공이 상상을 통해 그리움보다는 꿈을 간직한 어른으로 성장하는 이야기. 국민일보

**제1회 한국그림책출판협회
그림책 공모전 당선작**

새롭게 짝이 된 저 아이.
시끄럽고, 요란하고, 엉뚱하고!
이상한데… 하여튼 이상한데…
이상하게 좋네?

누군가의 특별함을 알아가는
감정의 여정

# 하여튼 이상해

현단 그림책 48쪽

뜨인돌어린이  홈페이지 www.ddstone.com | 문의 02-337-5252

# 2025년 주요 그림책 행사 일정 체크리스트

## 주요 도서전 및 시상식

**25.1.28**
- [ ] 칼데콧 상 수상 작가 발표
  - ALA YMA 시상식에서 칼데콧 상, 뉴베리 상 등 다수 수상작 발표
  - 한국 시간 새벽 0시~1시 30분 유튜브 라이브 방송

**25.3.31~4.3**
- [ ] 볼로냐 국제아동도서전
  - 개막 행사에서 볼로냐 라가치 상 등 다수 수상작 발표

**25.4.1**
- [ ] ALMA(아스트리드 린드그렌 추모문학상)
  - 볼로냐 국제아동도서전 언론 행사에서 발표
  - 2025년 한국 후보 : 고정욱 작가(스토리텔링), 어린이도서연구회(독서운동단체), 이수지 작가(일러스트레이터), 유은실 작가(글 작가)

**25.6.19**
- [ ] 영국 요토 카네기상
  - 2월 12일 롱리스트 발표, 3월 11일 숏리스트 발표, 6월 19일 수상 작가 발표

**25.6.18~6.22**
- [ ] 서울국제도서전 www.sibf.or.kr
  - 서울 코엑스에서 5일간 열림
  - '한국에서 가장 좋은 책' 4개 부문 수상작 발표
    : 한국에서 가장 즐거운 책(그림책 부문), 한국에서 가장 재미있는 책(만화 부문), 한국에서 가장 지혜로운 책(학술 부문), 한국에서 가장 아름다운 책(디자인 부문)

**25.9.5~9.7**
- [ ] 2025 국제아동도서&콘텐츠페스타(북키즈콘)
  - 수원컨벤션센터에서 3일간 열림

**25.10.3~26.1.10**
- [ ] BIB 브라티슬라바 그림책 비엔날레
  - 10월 3일에 대상, 황금사과상, 우수상, 출판영예상, 어린이심사위원상, 브라티슬라바 시장상 부문 수상작 발표
  - 비엔날레 기간 동안 출품작 원화전 개최 / 격년(홀수 년) 개최

2025년은 '그림책의 해', 그림책 독자들에게 한 걸음 더 다가가기 위해 더욱 풍성해진 국제도서전과 각종 전시회, 'K-그림책'의 전성기를 이어 갈 작품과 작가를 발굴하는 공모전 소식까지 한자리에 모았다.

## 전시회

**장 줄리앙의 종이 세상**
24.9.27 ~25.3.30
- 퍼블릭가산

**미피와 마법 우체통**
(미피 70주년 생일 기념)
24.11.21 ~25.8.17
- 인사센트럴뮤지엄

**파비안 네그린 전**
24.11.26 ~25.3.23
- 현대어린이책미술관

**그림책도서관 10년, 한국그림책 10년**
24.11.26 ~25.3.23
- 순천그림책도서관

**그림책이 참 좋아**
24.12.20 ~25.3.2
- 예술의전당 서울서예박물관

**앤서니 브라운 전**
**마스터 오브 스토리텔링**
25.5.2 ~9.25
- 예술의전당 한가람미술관

**세르주 블로크 전**
25.5.29 ~8.17
- 예술의전당 한가람미술관

## 국내 그림책 공모전

**제3회 창비그림책상 공모**
24.9.2 ~25.1.31
- 3월 17일 홈페이지 발표
  (대상, 우수상, 가작)

**제2회 한국그림책협회 그림책공모전**
25.1.6 ~25.3.28 정오
- 5월 19일 한국그림책출판협회
  네이버 카페 공지 및 개별 연락
  (10작품 내외 선정)

**비룡소 사각사각 그림책상**
~25.3.31
- 5월 중 비룡소 홈페이지 발표
  및 개별 통보(당선자 1명)
  만 3~4세 대상 유아 그림책

**제 32회 비룡소 황금도깨비상 그림책**
~25.6.30
- 8월 말 비룡소 홈페이지 발표
  및 개별 통보(대상, 우수상)

**제 1회 길벗어린이 민들레그림책상 공모전**
24.12.2 ~25.5.30
- 7월 14일 길벗어린이 홈페이지 발표
  및 개별 통보(대상, 우수상)

♣ 2025년 1월 기준 확정된 일정만 소개합니다.
♣ 공모전에 관한 자세한 내용은 출판사 및 협회의 홈페이지에서 확인하실 수 있습니다.

## 그림책 속 뱀을 찾아라

# 2025 푸른 뱀의 해!

그런데 왠지 뱀은 좀 무서운걸.
징그럽고 못된 뱀이 떠올라
뱀의 해가 반갑지 않다면,
지금 바로 이 그림책들을 보자!
당신의 편견이 스르륵 달아날 테니까.

꿈을 포기하지 않는다면 방법은 생기게 마련이야. 넌 행복해질수밖에 없는 존재니까.

《구두 디자이너 뱀 씨》
임윤정 글·그림, 봄날의곰

먹고 먹히는 먹이 사슬로 죽음과 탄생을 자연스럽게 알려 준다. 커다란 판형만큼 커다란 질문을 품은 그림책!

《누가 누구를 먹나》
알렉산드라 미지엘린스카,
다니엘 미지엘린스키 글·그림,
이지원 옮김, 보림

암흑 속에 홀로 있는 것 같을 때,
우리 둘만의 신호를 떠올려 줘.
우리 둘만의 비밀 그림책도.

《내가 여기에 있어》
아드리앵 파를랑주 글·그림, 이세진 옮김, 웅진주니어

제목 그대로 답지 없는 질문이 가득 담겼다. 언제 누구와 읽는지에 따라 끊임없는 물음표가 떠오르는 그림책!

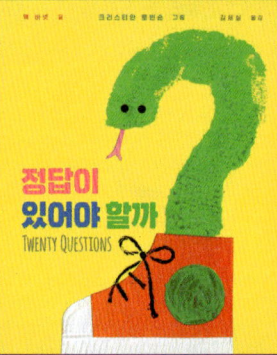

《정답이 있어야 할까?》
맥 바넷 글, 크리스티안 로빈슨 그림, 김세실 옮김,
주니어RHK(주니어랜덤)

《크릭터》
토미 웅게러 글·그림, 장미란 옮김, 시공주니어

이건 지극한 사랑 이야기다. 뱀이 싫은 사람도 크릭터만큼은 사랑할 수밖에 없는 영원한 클래식 오브 클래식.

뱀이 좋다고? 어른들의 눈과 아이의 눈은 왜 다른 걸까? 어른들은 모르는 사랑스러운 뱀을 만나자!

《뱀이 좋아》
황숙경 글·그림, 보림

반복되는 "꿀꺽" 소리를 따라 뱀이 꾸는 꿈길을 같이 흘러가 보자. 마지막에 "꿀꺽" 삼켜지는 건 무얼까?

《꿀꺽》
사라 빌키우스 글, 마리 칸스타 욘센 그림, 손화수 옮김, 책빛

진심은 통하게 마련이니까. 굳이 너를 바꾸지 않아도 괜찮아. 지금으로도 충분해.

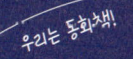

우리는 동화책!

《부끄럼쟁이 꼬마 뱀》
정은정 글, 김영수 그림, 비룡소

용 꼬리가 되든 뱀 머리가 되든 그깟 게 무슨 상관이야! 타인이 정한 한계를 허물처럼 벗어 던지는 멋진 자아실현 이야기!

《못골 뱀학교》
양경화 글, 김준영 그림, 책과콩나무

어흥대작전

<거울책>, <2053년 이후 그 행성 이야기>등 그림책의 물성을 활용해 다양한 도전을 해온 조수진작가의 신작!

"구중궁궐, 겹겹이 이어진 문을 통과해야만 임금을 만날 수 있던 깊은 궁궐.
그 건축적 아름다움에 매료되어 이 책을 시작하게 되었습니다.
그 귀한 궁궐을 지켜왔던 경복궁의 서수 친구들이 이제는 이 책을 거니는 독자분들을 지키고 평안과 무탈의 복을 가져다주기를 바라며 이 책을 마감합니다."

-조수진작가-

275cm의 그림책 속 경복궁을 거닐며 각 관문을 지키는 서수 친구들을 만나보세요.

어흥대작전
작지만 단단한 완두콩의 위대한 여정!

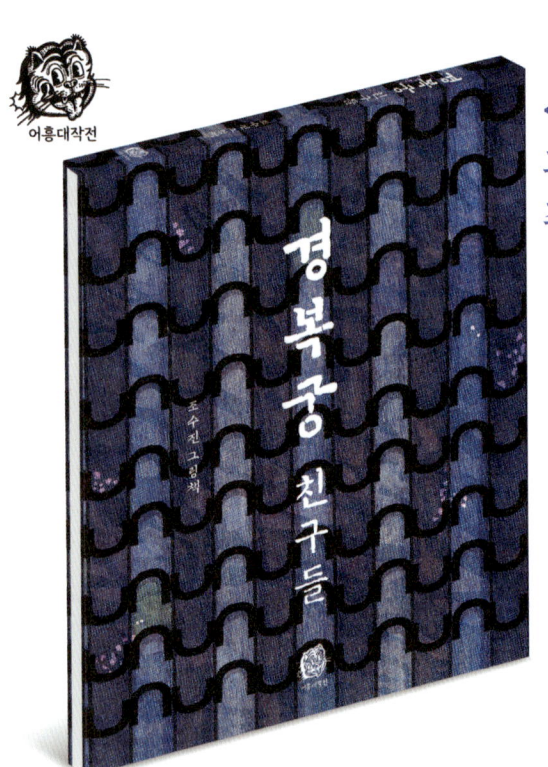

아트토이: 캔 + 완두콩들
Fresh Green

아트토이 구매는 네이버 **어흥대작전** 스마트스토어!

자신만의 '위대함'을 찾고 있는 우리를 위한 책

〈경복궁의 친구들〉을 거닐며 경복궁의 아름다움을 느끼고 경복궁을 지키는 다정하고 용맹한 서수 친구들을 만나보세요.

여섯 번째 관문
자경전
십장생

"좋다!"

# 행운의 그림책 사다리, 그림책과 함께 행복한 2025년 보내세요!

**《아무리 놀려도 괜찮은 책》**
박티팔 글, 보람 그림, 곰세마리

2025년 당신은 그 누구도 범접할 수 없는 강철 멘탈을 갖게 될 겁니다. 어느 누구도 당신의 앞을 가로막을 수 업쒜!! 쭉~ 나가십쇼! 행님!

**《들어와》**
민병권 글·그림, 길벗어린이

2025년은 무엇이든 다 해낼 수 있는 능력자와 함께 할 해입니다. 드러와~ 드러와~ 가는 길이 호랑이 굴 속이라도 우린 해낼 걸 믿으니까! 같이 가봅시다! 다 덤벼!

**《문제가 문제야》**
신순재 글, 조미자 그림, 천개의바람

답이 없어 보이는 문제 앞에서 막막한 그대. 너무 걱정하지 말아요. 문제가 문제일 뿐, 문제 앞의 당신은 문제없어요. 작년 오늘 무엇을 걱정하고 있었는지 기억하나요? 내년의 당신도 오늘의 문제를 기억하지 못할 거예요.

**《집 장만이 만만치 않아》**
윤정미 글·그림, 웅진주니어

필승! 올 한 해는 꿈꾸는 경제 목표에 더 가까이 다가가는 해가 될 겁니다! 내가 사려던 옷이 갑자기 반값 세일에 들어가고, 내가 고른 통닭에 마트 직원이 40% 할인 스티커를 붙이고 한두 푼 모은 푼돈이 종잣돈이 되는 해!

오늘 당신은 어떤 색깔, 어떤 무늬의 책장을 열고 싶나요? 한 번 쓱 책 표지를 살펴 보고, 검지손가락으로 콕! 읽고 싶은 책을 골라요. 그리고 '따라라라라라 따라라라라라' 사다리를 타고 내려가다 보면, 당신이 고른 그 책이 2025년 당신의 한 해를 행복하게 해 줄 거예요!

**《딱 한 마리만 먹어 보자》**
장선환 글·그림, 그린북

더 이상 밀가루와 설탕에 손이 가지 않으리! 딱 한 개만 먹겠다는 다짐이 일 년 동안 풀리지 않는 마법의 2025가 될 거예요. 다짐한 건강한 식생활과 다이어트의 성공을 바랍니다.

**《주름 때문이야》**
서영 글·그림, 다그림책(키다리)

한 해가 지나갈 때마다 깊어지는 주름 때문에 걱정이시라고요? 그림책 치료는 어떠세요? 읽으면서 울컥 눈물이 나면 마음의 분노도 녹아내리고, 한바탕 웃고 나면 주름도 예쁜 매력이 될 거니까요. 우리 모두 함께 읽어요.

**《소원이 이루어질 거야》**
오승민 글·그림, 다그림책(키다리)

당신이 누구인지, 무엇을 바라는지 알지 못해요. 하지만 당신의 소원이 이루어질 거라 믿어요. 여기까지 〈라키비움J〉와 함께 와줘서 고마워요.

'이런 꽝인가? 다른 사람들은 모두 행운과 희망과 성공을 향해 갔는데 이건 뭐지?'라고 당황한 당신! 걱정하지 말아요. 이 자리엔 당신이 놓고 싶은 책 무엇이든 가져다 놓을 수 있답니다. 내 인생은 내가 만든다! 내 인생의 주인은 바로 나니까!

"국영수보다 더 중요하게~"
# 공부보다 더 중요한 사회성
### 사회에서 더 빛나는 아이로 키워 주세요.

"사회성은 타고나는 것 아니에요?"
### 양육 방법에 따라 하늘과 땅 차이!

"싸우지 말라고 가르쳐야하는 것 아니에요?"
### 중요한 것은 문제 해결 능력입니다.
문제를 잘 해결하기 위해 싸울수도 있고,
싸우지 않을수도 있어야 한답니다.

중앙일보
헬로 페어런츠
2023
최고의 칼럼

아동심리전문가 이다랑(그로잉맘)의
### 생활밀착 솔루션!

이다랑 글 | 제이포럼 | 212쪽 | 135 x 200mm | 값 16,800원

**만든이의 말**

매해 쏟아지는 신조어 중 유독 '아보하(아주 보통의 하루)'라는 단어에 눈길이 머물렀던 겨울이었습니다. 뉴스를 확인하며 불안감에 밤잠을 설치고 뾰족하게 가시 돋쳤던 저에게 열두 달 그림책 달력의 하루를 채워 준 그림책은 마음을 다독여 주고 희망을 지켜 준 궁극의 처방전이기도 했습니다. 새로워진 '라키'가 여러분의 '아보하'를 응원합니다.
- 오현수 -

왜 더 읽지 않았을까, 조금 더 노력할걸. 릴스 대신 잠깐이라도 아이 곁에 있어줄걸. 후회를 덜기 위해 안간힘을 냈던 연말이었다. 아등바등 숨쉬기 위해 달릴 때 《라키비움J 2025》는 내게 아주 무거운 '산소통'이었다. 등에 메고 있는 걸 던지고 싶지만, 떼어 버리면 더 이상 숨 쉴 수 없는 그런 존재였다. 라키 팀 모두에게 이번 호를 쓰고 다듬는 시간은 그러했다. 우리의 작은 숨결이 모여 당신에게 커다란 숨이 되길, 장마다 담긴 노력이 당신의 일상에서 작은 행복을 찾는 나침반이 되길 바란다. 그리된다면 아마 우리도 다시 크게 숨 쉴 수 있을 테다.
- 이시내 -

유난히 추웠던 겨울 속에서 따스한 봄날을 간절히 기다리며 이번 호를 준비했습니다. 보통의 나날 속에서 《라키비움J 2025》 그리고 그림책과 함께하는 시간이 행복이 되길, 위안이 되길 진심으로 바랍니다.
- 임서연 -

"사랑하면 알게 되고, 알면 보이나니 그때 보이는 건 전과 같지 않다."
이 문장이 원래 뒤에 더 있다는 걸 이제야 알았다.
"알게 되면 사랑하게 되고, 사랑하면 참으로 보게 되고, 볼 줄 알면 모으게 되나니 (꺅!) 이때 모으는 것은 그저 쌓아 두는 것이 아니다."
"知則爲眞愛 愛則爲眞看 看則畜之而非徒畜也(지즉위진애 애즉위진간 간즉축지이비도축야)"
-유한준(1732~1811)이 〈석농화원〉에 쓴 발문 중에서-
책을 사는 속도가 읽는 속도보다 열 배쯤 빠르다고 더 이상 나 자신을 부끄러워하지 않겠다.
- 전은주 -

2024년 1월, 평소 흠모했던 〈라키비움J〉의 편집장이 되었습니다. 사실 개인적으로 몸과 마음이 많이 지쳐있던 때였기에 기쁜 마음과 동시에 잘할 수 있을까 걱정도 많이 되었어요. 그런데 잡지에 소개하고 싶은 그림책을 검토하고, 아이들과 함께 읽고 나눈 그림책 이야기를 기사로 꾸리고, 좋아하던 작가의 이야기를 살피는 시간 사이 '내가 그림책을 정말 좋아하지!' 걱정과 부담보단 즐거움이 커져만 갔죠. 출판사에서 그림책을 만들던 시절 작가님들의 원고와 원화를 젤 처음 받아 보았을 때의 희열과 행복까지 떠오르더라고요. 매일매일 그림책을 사랑했고 더 좋은 책, 멋진 책을 독자들께 선보이고 싶었던 그때 그 마음이요. 주저앉고 싶었던 마음을 그림책 이야기가 일으켜 세워 주었습니다. 잡지를 만들기 위해 읽고 읽고 또 읽었던 그림책들이 웃음을 주고, 위로를 주고, 삶의 가치를 다시 일깨워 주었습니다. 이야기가 길어졌네요. 결론은 그래서 이번 호에는 우리의 365일을 응원해 줄 그림책을 소개했다는 거예요. 꼭 저희가 추천한 책을 읽지 않아도 좋습니다. 내 마음에 드는 책, 우연히 만난 책, 원래 내가 좋아했던 책 무엇이든 좋습니다. 여러분의 곁에 그림책이 있기를 바랍니다. 당신도 모르는 사이 그림책이 큰 힘이 되고 있을 거예요. 한 번 믿어 보세요!
- 표유진 -